心印臺灣

李君毅當代水墨藝術

Heartprints of Taiwan
Lee Chun-Yi's Contemporary Ink Art

李君毅
Lee Chun-Yi

藝術家
Artist Publishing Co.

目 錄

前言 —————————————————— 4

壹、創作研究的緣起與發想 ————————— 7

　　文化歸屬 ⋯⋯⋯⋯⋯⋯⋯⋯⋯ 8

　　創作轉機 ⋯⋯⋯⋯⋯⋯⋯⋯⋯ 11

　　新創系列 ⋯⋯⋯⋯⋯⋯⋯⋯⋯ 16

貳、臺灣風景的本土在地性 ————————— 19

　　臺灣八景 ⋯⋯⋯⋯⋯⋯⋯⋯⋯ 20

　　鄉土寫實 ⋯⋯⋯⋯⋯⋯⋯⋯⋯ 23

　　殖民彼岸 ⋯⋯⋯⋯⋯⋯⋯⋯⋯ 29

　　心印山水 ⋯⋯⋯⋯⋯⋯⋯⋯⋯ 37

參、水墨藝術的後殖民思維 ————————— 43

　　現代水墨 ⋯⋯⋯⋯⋯⋯⋯⋯⋯ 44

　　當代水墨 ⋯⋯⋯⋯⋯⋯⋯⋯⋯ 48

　　理論迷思 ⋯⋯⋯⋯⋯⋯⋯⋯⋯ 53

　　若烹小鮮 ⋯⋯⋯⋯⋯⋯⋯⋯⋯ 56

肆、革新水墨的媒材與技法 —————— 61

軟木拓印 ·········· 62

點彩滲色 ·········· 66

攝影粉本 ·········· 67

集錦圖像 ·········· 71

伍、個人創作的形式與內容 —————— 73

方格結構 ·········· 74

碑拓圖式 ·········· 78

字畫合一 ·········· 82

以心印心 ·········· 85

陸、「心印臺灣」的系列作品 —————— 89

人生思考 ·········· 90

遙想彼岸 ·········· 97

立足此岸 ·········· 102

人世憂患 ·········· 110

參考文獻 —————— 117

作品圖錄 —————— 123

個人簡歷 —————— 135

前言

　　西方帝國主義（imperialism）列強利用軍事侵略的手段所建立的
殖民霸業，雖然隨著上一世紀各殖民地的主權獨立，已經趨於瓦解
而成為歷史，可是殖民歷史的痛苦經驗卻帶來嚴重的後遺症，導致
各地族群對立與社會分化的現象。邁入當前的後殖民時代，西方世
界則轉用後現代文化的國際化策略，取代以往暴力的政治壓迫與經濟
掠奪，繼續主宰全球的命脈。在飽受殖民舊患新創多重煎熬的第三世
界國家，不少知識分子對經久不滅的西方中心神話產生種種質疑，他
們根據各自的民族文化傳統與國家歷史背景，提出不同的後殖民主義
（postcolonialism）批評論述，來反對並抗衡西方文化帝國主義的霸權
支配。從薩依德（Edward W. Said）、巴巴（Homi K. Bhabha）和史比維
克（Gayatri Chakravorty Spivak）等後殖民學者的研究，可見他們意圖擺
脫西方殖民陰影並重塑自我文化身分的努力。[1]

　　臺灣正是處於同病相憐的情境，西方的控制與影響可謂無處不
在，不但遍及社會、政治、經濟、文化各個層面，同時更深入一般群
眾的思想意識中。自上世紀 90 年代開始，一些本地評論家如邱貴芬、
廖炳惠和陳芳明等有鑑於此，遂利用後殖民理論來分析臺灣的文學及

1　有關後殖民學者的重要論述，可參閱 Bill Ashcroft, Gareth Griffiths & Helen Tiffin ed. *The Post-colonial Studies Reader* (London: Routledge, 1995).

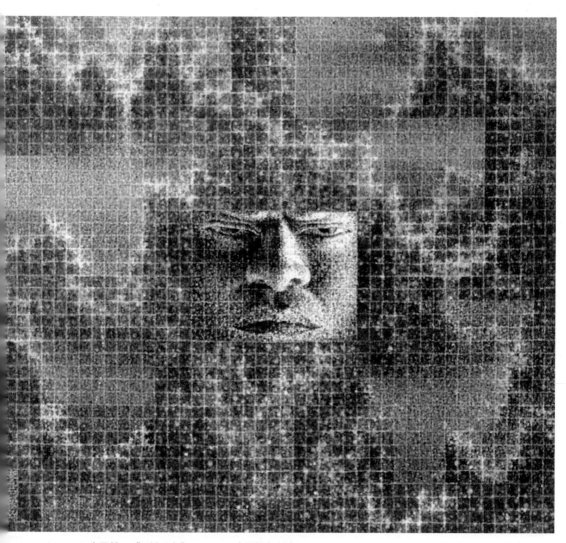

李君毅　《目迷五色》　1996　水墨設色紙本　40×45cm

文化，以期收到同憂相救之效。[2] 而楊樹煌和廖新田等也在美術史與藝術評論方面，以後殖民主義的觀點來重新檢視臺灣現當代美術發展的潛藏問題。[3] 至於筆者的水墨藝術創作，乃秉持後殖民理論的批判精神，試圖在作品中建構一種具有臺灣主體性的文化身分認同，既足以抗拒西方殖民主義的強權支配，也能夠抵禦中國民粹主義的威權控制。通過體認帝國文化霸權的宰制作用，筆者以理性批判的態度審視傳統，力求重新發揚並確立水墨藝術的文化自主性價值，從而使個人創作呈現一種既富民族精神又有時代意義的思想及面貌。

2　邱貴芬，〈「發現臺灣」：建構臺灣後殖民論述〉，《中外文學》　21 . 2（1992 年 7 月）：151-68；〈「後殖民」的臺灣演繹〉，《後殖民及其外》（臺北：麥田出版，2003），259-99。廖炳惠，〈在臺灣談後現代與後殖民論述〉，《回顧現代：後現代與後殖民論文集》（臺北：麥田出版，1994），53-72；〈從後殖民角度看臺灣〉，《臺灣與世界文學的匯流》（臺北：聯合文學，2006），42-49。陳芳明，〈自序：我的後殖民立場〉《後殖民臺灣：文學史論及其周邊》（臺北：麥田出版，2002），9-20。

3　楊樹煌，〈後殖民社會的臺灣美術現象──「除殖民化」的文化藝術探索〉，《藝術觀點》　1（1999年 1 月）：60-67。廖新田，〈由內而外或由外而內？臺灣美術的後殖民主義觀點評論狀況〉，《美學藝術學》3（2009 年 1 月）：55-79。

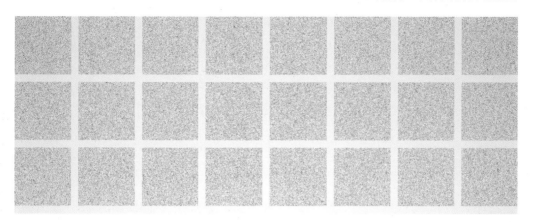

壹、創作研究的緣起與發想

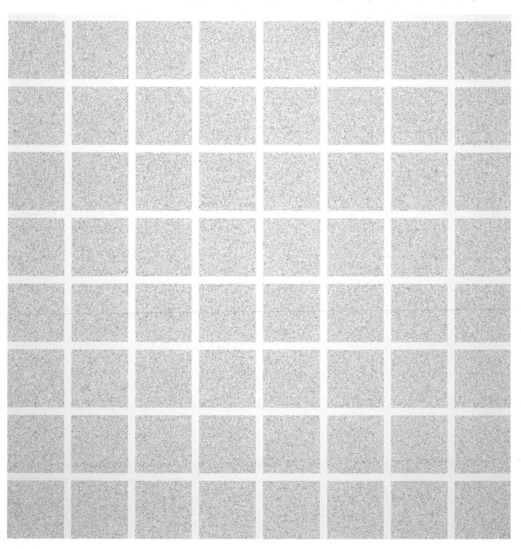

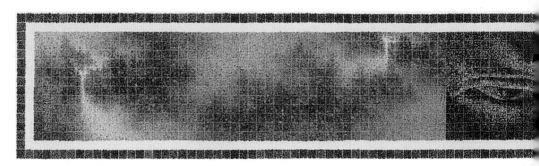

李君毅　《東想西想》　1997　水墨設色紙本　16×130cm

一　文化歸屬

　　筆者雖出生於臺灣高雄，但少小便隨家人移居香港，在偏陲一隅的英國殖民地長大。此一成長經驗讓筆者深刻認知香港的邊緣地位，因此從小便感受到一種文化身分認同的失落感。文化評論家周蕾指出：

> 這種非香港人自選，而是被歷史所建構的邊緣位置（marginalized position），帶來了一種特別的觀察能力，而且使人不願意把壓迫經驗美化。[4]

周蕾認為在香港這個移民城市中，流離轉徙的知識分子具有特殊的「離散」（diaspora）意識，足以產生一股集體力量來抵制抗衡西方以及中國的中心主義霸權。作為棲居香港的游子過客，此一流徙經歷反而讓筆者於日後的從藝過程中，得以不畏中西文化強御的壓制，自覺自主地審視個人藝術創作的問題，在邊緣空間中尋求自我文化身分的

4　周蕾，《寫在家國以外》，米加路譯（香港：牛津大學出版社，1995），30。

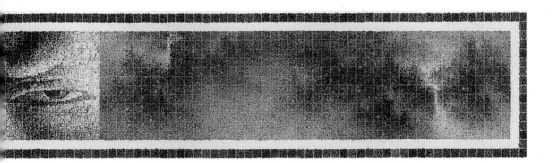

定位。後殖民主義評論家薩依德也曾經提到，身為一個漂泊離散的知識分子，置身邊緣的處境往往使其無視常規現況，遂能以不落俗套的思考方式或誕妄不經的行事手段，作出標新立異的創舉。[5]

在 1988 年筆者大學畢業之際，正值中英兩國談判香港主權回歸，因對未來感到憂慮而決定舉家遷徙至加拿大西岸城市溫哥華，而十年後又轉赴美國亞利桑那州攻讀中國美術史。正如一生斷梗浮萍且為鄉愁所苦的薩依德所言：

> 讓我的生命至為痛苦與自相矛盾的徵象，莫過於許多次的流離移轉，多年來一直在不同的國家、城市、居所、語言、環境間流徙不定⋯確是處於放逐、移位、不甘願的失所。[6]

流徙異地他國的人生經歷，所造成在文化認同上的失落與矛盾，往往

---

5 Edward W. Said, *Representations of the Intellectual: The 1993 Reith Lectures* (London: Vintage, 1994), 39-47.

6 Edward W. Said, *Out of Place: A Memoir* (New York: Vintage Books, 1999), 217-18.

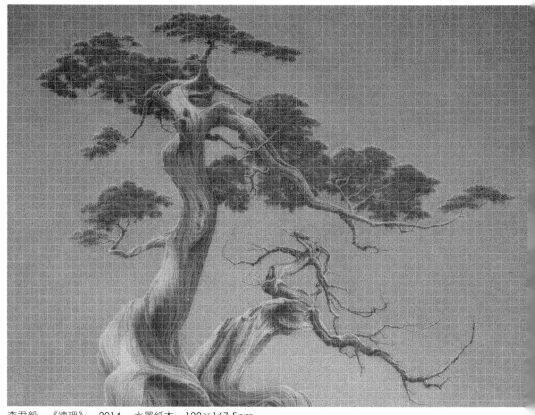

李君毅　《連理》　2014　水墨紙本　122×167.5cm

使人陷入難以自拔的懷鄉意識中。因此當筆者年歲漸長時,逐漸萌生落葉歸根的念頭,遂於 2011 年毅然放棄在美國鳳凰城美術館的研究工作,接受國立臺灣師範大學美術系的邀聘,回到魂牽夢縈的出生地定居;同時在此既陌生又熟悉的環境中,重新思考並發展個人的藝術創作。

　　臺灣的風土民情誠然有助於筆者尋覓文化上的歸屬感,而在地的人事物也提供了自我身分認同的切入點。不過在藝術創作方面,個人對本土文化主體性的關注與表現,雖自還鄉歸臺後便開始苦心思索,

但落實到繪畫實踐上，卻絕非順手拈來而一蹴即至。筆者經過了兩三年反覆的思想激盪，首先試圖在創作題材與內容上，加入具有臺灣在地特點的元素；而由於平生雅好園藝盆景，故對島上的高山奇木甚為鍾愛，特別是造型怪奇的玉山圓柏，便成為新系列創作的絕好素材。玉山圓柏（學名為 *Juniperus morrisonicola Hayata*）近似於中國大陸的香柏，但經科學分析確證為臺灣的特有樹種，生長在全島三千公尺海拔以上，如玉山、雪山、秀姑巒山、南湖大山、中央尖山等高峰處，因在艱困環境中經歷歲月磨鍊，故其枝幹形成盤纏扭曲的特殊生長形態。[7] 筆者秉持創作上一貫對海峽兩岸議題的關切，賦予圓柏圖像象徵性的政治與文化意涵，譬如以糾結的樹幹代表民族文明的悠遠歷史，而榮茂及枯朽相對應的枝柯則喻指兩岸當前的政經情勢。

二 創作轉機

正當筆者為本土在地性議題剎費心機，苦思探索具有臺灣文化主體性意義的藝術創作，恰巧被當時接連發生的幾件事情所牽動，遂因勢利導而發展出另一系列的作品。在 2014 年香港佳士得的秋季拍賣中，推出了一件備受矚目的拍品，乃是恩師劉國松 1987 年完成的《香江歲月》長卷巨構。[8] 該畫本是應著名收藏家羅桂祥的委託而繪製，通過藝術家的精心設計與巧思妙筆，香港馳名的海景盡顯無遺於長幅畫

---

7 臺灣玉山圓柏的相關研究，參見王志強、林志銓，〈臺灣地區玉山圓柏分類地位及族群分布〉《臺灣林業》35.6（2009 年 12 月）：35-44。

8 劉國松《香江歲月》作品的相關資料，參見 Christie's ed., *Chinese Contemporary Ink Auction* (Hong Kong: Christie's, 2014), 24-25.

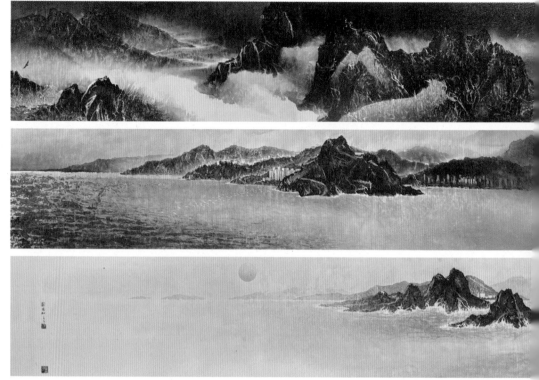

劉國松　《香江歲月》　1987　水墨設色紙本　46.3×1278cm

卷上——山海雲樹在陰晴晨昏的時序變化中交相輝映，譜出一首蔚為
壯觀的視覺交響樂章。筆者早對此一曠世畫作心慕不已，但一直只能
透過各種印刷品窺其概貌，故趁著長卷拍賣前在臺灣預展的機會親往
觀賞，結果深受感動而激起效顰之念。事實上香港過度城市化的發展，
造成沿海地區多為人工填土構築的堤岸，反觀臺灣則仍然保留大量的
自然水岸，並且擁有地質構造奇特的岸石礁岩。筆者開始關注臺灣海
岸的地理景觀，更前赴北部及東北角欣賞其特殊風光，作為其後創作
的思想及資料準備。

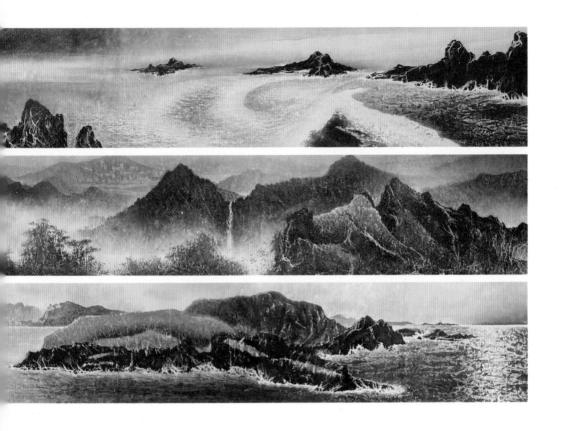

　　到了 2015 年秋天在臺北藝術博覽會中，筆者展出兩件玉山圓柏的畫作，由於創作時參考了陳炳元相關的攝影圖冊，竟因此有緣結識偶訪會場的這位臺灣攝影名家。[9]陳炳元多年來不辭勞苦地窮盡島上的自然生態景觀，以富於人文情懷與美感知性的鏡頭，表現他對臺灣土地誠摯的愛，其苦心孤詣的藝術精神及情操，讓個人內心受到極大的感

9　筆者參考的攝影圖冊包括：《南湖大山：陳炳元山岳攝影集》（臺北：自行出版，1991）；《荒木讚歌：陳炳元山岳攝影集》（臺北：自行出版，1993）；《南湖中央尖：陳炳元山岳攝影集》（臺北：自行出版，1993）；《一水一石：陳炳元自然攝影集》（臺北：自行出版，1995）；《向山問情：陳炳元山岳攝影集》（臺北：自行出版，1997）；《山水詩情：陳炳元自然攝影集》（臺北：自行出版，1998）。

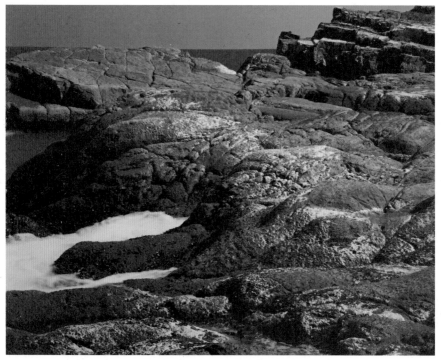

陳炳元　《龍洞》（摘自《一水一石：陳炳元自然攝影集》）

染啟廸。通過陳炳元熱心的介紹推薦，筆者有機會進一步認識臺灣自然水岸之美，特別是北部及東北角的老梅、野柳、龍洞、澳底等景點，各有令人驚豔的奇特地貌。臺灣的面積雖不算大，卻擁有繁富的地質結構與沿海景觀，包括北部的沈降海岸、桃竹苗的沙丘海岸、中彰雲的灘地海岸、東部蘇花的斷層海岸、恆春半島的珊瑚礁海岸等，諸種地形匯集融聚一島而堪稱世界罕見，足可提供筆者藝術創作豐厚的養分及素材。[10]

---

10 臺灣島具有豐富多樣的海岸地理特徵，參見李素芳編，《臺灣的海岸》（新北：遠足文化，2001），44-177。

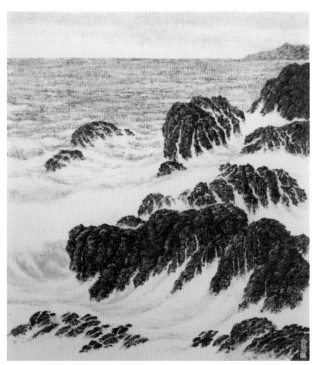

夏一夫　《浪花激起》　2012　水墨紙本　27×24cm

　　而就在同一段期間，筆者的忘年契交夏一夫突罹患惡疾，後不幸於 2016 年秋病逝，這對我個人以至臺灣藝壇皆是重大損失。夏一夫出生與成長於山東港城煙台，因此一生酷好海景山水，特別在晚年時創作了一批清新可喜的臺灣海岸小品。這些作品多為盈尺小幅的冊頁或畫仙板，藝術家以寫實主義的精神，運用其擅長的乾筆皴擦與淡墨疊染，淋漓盡致地表現了臺灣海岸的絕色風貌。筆者每當展閱夏一夫相贈的數幀海景畫片，莫不沈醉於那咫尺空間裡所創造的美感境界，其中水石間剛柔動靜的相濟相融，叫人為之心折嚮往。為了向好友表達深摯的懷念與敬意，筆者於是展開臺灣海岸系列的創作，希望承續其藝術志趣及追求，踵武探究並進一步發展此一繪畫題材。

三 新創系列

在 2018 年的春天，筆者應臺北「名山藝術」之邀，舉辦了一次以臺灣海岸為主題的個展，文化界好友蔡詩萍特為展覽圖錄撰寫序文。[11] 這讓筆者想起師長劉國松和余光中之間的一段深厚情誼。他們早年同聲相應地投入臺灣現代主義文學藝術運動，爾後又在香港中文大學共事多載，晚年時則合作出版了數本詩畫合集，由詩人根據畫家的作品配上新詩文字，不僅可作為兩人數十年友誼的見證，同時遙相呼應古代文人詩畫相酬的雅習。[12] 筆者於是心生東施效顰的念頭，跟蔡詩萍也嘗試類似的遣興雅事，由他提供文字作為本人創作構想的依據。最後蔡詩萍選出了他的舊作〈從此情愛是一條緩緩滑逝的長河〉，筆者則以此篇動人的文章作為畫面背景，並根據其內容於 2019 年中完成相對應的太魯閣立霧溪風景。[13] 在這件作品中圖像與文字之間，無論是藝術形式還是主題內容，都有著相互連動融合的關係，故可謂傳統文人筆墨酬對及詩畫合一的一種當代演繹。

因應太魯閣題材的創作需要，筆者收集了大量相關的攝影圖像作為參考，同時也特別前赴臺灣這處聞名世界的自然奇境，親身體驗與觀賞箇中獨特的山光水色。在整個遊歷的過程中，除了以鏡頭記錄沿途所見的景點外，也趁機體驗當地的人文風情，累積而成更為豐厚的

11　蔡詩萍，〈試評李君毅的水墨創新〉，收在《此岸彼岸：李君毅的水墨藝術》展覽圖錄（臺北：名山藝術，2019），8-11。

12　兩人合作的出版物包括：劉國松、余光中，《劉國松余光中詩情畫意集》（臺北：新苑藝術經紀顧問；臺中：現代畫廊，1999）；《文采畫風》（石家莊：湖北教育出版社，2002）；《詩情 畫意 2010》（高雄：新思惟人文空間，2010）。

13　蔡詩萍〈從此情愛是一條緩緩滑逝的長河〉原文，見陳義芝編，《蔡詩萍精選集》（臺北：九歌出版社，2005），33-39。

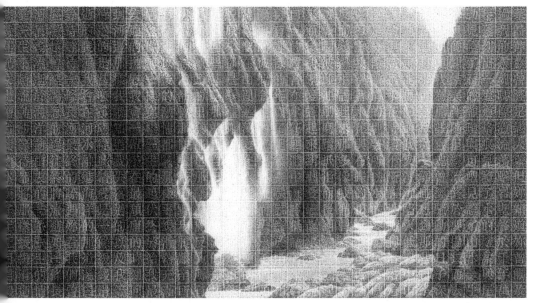

李君毅　《從此情愛是一條緩緩滑逝的長河》　2019　水墨紙本　66.5×114.5cm

　　創作資源。雖然筆者對傳統寫生觀念抱持個人的理解看法，但身歷其境的經驗所帶來的心理感受，無疑可以增加創作者的情感動能，從而強化及深化作品的藝術感染力。及至 2020 年初時，筆者又另外完成了數件太魯閣風景作品，呈現置身於九曲洞與燕子口等步道所見的絕美景致。

　　通過這段令人銘心難忘的太魯閣之行，筆者進一步加深對臺灣自然美景的愛慕之情，更油然興起探覓島上各地山水以供取材入畫的構想。特別是 2020 年新冠病毒的疫情肆虐全球，導致原訂暑假期間出國外遊的計劃被迫取消，因此便順理成章地以島內的本地旅遊取而代之。筆者於是先後遊覽了玉山山脈的主峰與中央山脈的合歡山，還有南投日月潭以及燕巢月世界等嚮往多時的勝地。而在親身體驗臺灣特

殊的山景水貌以作為創作準備的過程中，個人似乎很自然地跟各處的地理景觀形成心靈情感上的契合，由此而發展出新一系列名為「心印臺灣」的作品。當筆者身處於島上優美的自然環境中，悠然地享受遠離城市的寧靜舒逸，得以脫去凡世間的種種煩擾不安。尤其是當前臺灣面對持續惡化的兩岸局勢以及突如其來的疫情危機，新的創作藉著佛教《心經》作為畫面背景，結合個人含蓄靜態的水墨風格所營造的風景美學，冀望能夠安撫人心的焦慮疑惑，帶領觀者進入超越俗世羈縛的一種豁然優悠的藝術世界。

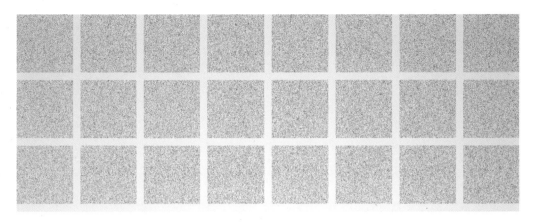

貳、臺灣風景的本土在地性

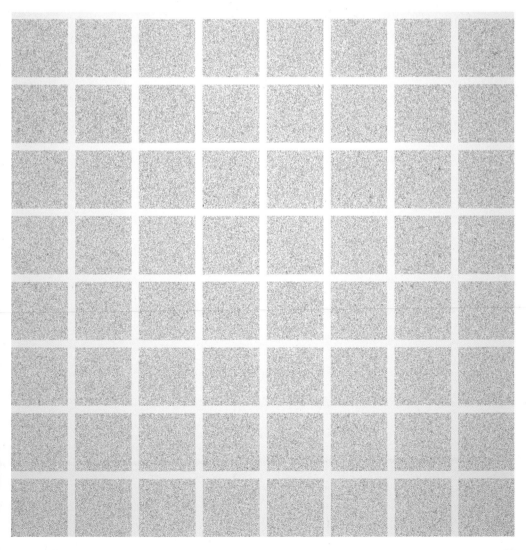

一　臺灣八景

> 太平洋西緣之中國東南海岸外，屹立一島，與福建省遙對。此一
> 島嶼，當地之土著稱之為 Pekani；葡萄牙人稱之為 Formosa，即「美
> 麗」之意；中國人則稱之為臺灣，臺灣意即「大的灣」……臺灣
> 曾招徠了許多不同文化的人群，諸如馬來西亞土著、中國人、日
> 本人、甚至西班牙人及荷蘭人。所有這些人對於臺灣歷史之形成
> 都有影響。[14]

　　正如地理學者謝覺民於《臺灣寶島：地理學的研究》一書中的描
述，臺灣是名符其實的一座大而美麗的寶島，匯集了歐亞不同民族的
文化元素。早在史前的舊石器時代，這個四面環海的島嶼已經出現人
類的足蹟，其後不停地匯聚並滋衍出各個原住民族群。由於地處西太
平洋海域的樞紐位置，臺灣自大航海時期以來便是東西方貿易的重要
通道，受到海上強權國家的虎視眈眈。當時除了來自大陸閩粵地區武
裝集團的滋擾外，澎湖外島以及臺灣本島也屢遭葡萄牙、日本、西班
牙與荷蘭等國船隊的武力威懾及侵犯。[15] 面對這些海上霸權船堅炮利
的軍事侵略，雖然島國大門被迫打開，甚至遭受西班牙與荷蘭的殖民
統治，卻也因此吸收了歐亞海洋文明的不同元素，形塑出本土文化混
雜多元的特點。[16]

14　謝覺民，《臺灣寶島：地理學的研究》，姚國水譯（臺北：中華學術院中國地學研究所，1970），1-2。

15　見湯錦台，《大航海時代的臺灣》（臺北：貓頭鷹出版社，2001），16-90。

16　有關臺灣海洋文化開放性與包容性的特點，參見戴寶村，《臺灣的海洋歷史文化》（臺北：玉山社，
2011），11-21。

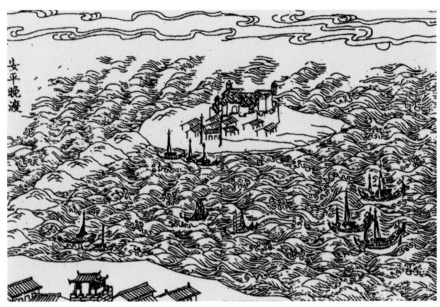

《臺灣八景之安平晚渡》（摘自中央圖書館臺灣分館藏乾隆 12 年刊《重修臺灣府志》）

　　隨著明鄭時期以及清朝政權統治臺灣，大量漢人從閩粵等地渡海南遷，島上經歷了中原文化傳統的系統性建構。此一時期在水墨書畫的領域上，出現了林朝英、莊敬夫和林覺等人，他們沿襲福建地區的「閩習」作風，表現出有別於正統文人畫的野逸狂肆風格。[17] 不過早期來臺移居或訪遊的水墨書畫家，鑒於治安、衛生及道路建設等條件不佳，致使他們在島內各地旅遊甚為不便，因此難以充分利用臺灣豐饒的自然景觀作為創作素材。[18] 反而是受到中國傳統繪畫「瀟湘八景」

17　王耀庭針對「閩習」一詞，指出：「其意指筆墨飛舞，肆無忌憚，狂塗橫抹，頃刻之間，完成大體形像，意趣傾寫無遺，氣氛卻很濃濁，十足霸氣，一點也不含蓄。」王耀庭，〈從閩習到寫生──臺灣水墨繪畫發展的一段審美認知〉，收在林吉峰編，《東方美學與現代美術研討會論文集》（臺北：臺北市立美術館，1992），124。

18　日籍畫家鄉原古統 1936 年就曾在《臺灣教育》發表〈臺灣的書畫〉一文，慨嘆早期來台的水墨書畫家未能在創作上受惠於島上的自然美景。見林育淳，《蓬萊‧大觀‧鄉原古統》（臺北：藝術家出版社，2019），76-77。

以及衍生詩作的影響，在康熙年間發展出所謂「臺灣八景」的圖像與詩文。清代「臺灣八景」一般皆選擇位於西部已然開墾的地區，惟經常作出更新調整；最早在《臺灣府志》出現者為：安平晚渡、沙鯤漁火、鹿耳春潮、雞籠積雪、東溟曉日、西嶼落霞、澄台觀海及斐亭聽濤。[19]根據各種官修方志文獻中的版刻圖像，八景多是描繪臺灣山海交織的地形面貌，常以綿密的水紋布局以強調海洋島嶼的意象。[20]

　　及至日本殖民統治時期，「臺灣八景」又以另一種嶄新形式出現於島上。為了彰顯治理臺灣的績效，殖民政府積極推動島內的觀光旅遊活動，一時間蔚為社會士紳階層的休閒風尚。《臺灣日日新報》於 1927 年 5 月便響應日本東京與大阪舉行的「新八景票選活動」，在臺發起民眾參與類似的投票。最後選出的新版「臺灣八景」依序為：臺中八仙山、高雄鵝鑾鼻、花蓮太魯閣峽、臺北淡水、高雄壽山、臺南阿里山、臺中日月潭及臺北基隆旭岡；另有十二勝為：臺中八卦山、臺北北投草山、新竹角板山、臺北太平山、臺北大里簡、新

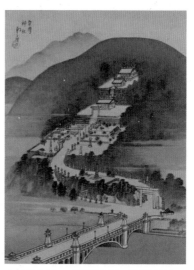

吉村初三郎　《臺灣八景—臺灣神社》（摘自李欽賢，《斯土繪影》）

19　清代除「臺灣八景」外，也偶有四景、六景、十二景與十六景，所涉包含了山海島嶼、動植物、氣象變化以及人文風俗各方面的不同景觀。見劉麗卿，《清代臺灣八景與八景詩》（臺北：文津出版，2002），11-26。

20　八景圖像相關的研究分析，參見蕭瓊瑞，《懷鄉與認同：臺灣方志八景圖研究》（臺北：典藏藝術家庭，2006），50-91。

竹大溪、臺中霧社、臺南虎頭埤、新竹獅頭山、臺北新店碧潭、新竹五指山與及高雄旗山；再外加兩處「別格」：神域（臺灣神社）及靈峰（玉山）。[21] 當時臺灣民眾以明信片踴躍投票，不過其票數只佔評選成績的 30%，決定性的 70% 則是由政府邀設的審查委員會所操控，以便配合日本帝國主義殖民統治下臺灣風景名勝的文化形塑。[22]《臺灣日日新報》後續又推出八景明信片與百景寫真帖等文化宣傳活動，像 1935 年出版日本鳥瞰圖繪師吉田初三郎的「雙絕臺灣八景」明信片組合，皆進一步達到加強殖民教化及促進觀光旅遊的雙重目的。[23]

二 鄉土寫實

不論是清代還是日本殖民統治時期的「臺灣八景」，無不作為官方政治權力運作體制下被遊玩與觀看的對象，各處自然景觀或人文勝蹟並未得到真正被認識欣賞從而自我發聲的機會。譬如日籍水彩畫家石川欽一郎就指出：「鑑賞臺灣的風景，首先一定要對照著，從日本的風景角度來考慮。」[24] 明確顯示出對臺灣風景的觀賞、理解及詮釋，皆受制於日本帝國主義殖民文化的價值判斷。不過日治時期仍有藝術家嘗試突破規範，像木下靜涯和鄉原古統等人，既在日本時師承京都

---

21 見呂紹理，《展示臺灣：權力、空間與殖民統治的形象表述》（臺北：麥田出版，2005），375-77。

22 歷史學者呂紹理就指出：「殖民政府推動旅遊觀光的目的在於透過旅行中的『觀看』活動，傳達殖民統治產業建設的成效，旅行中的觀看角度自始即與宣揚殖民統治成果的目標相聯結。」同上註，375-90。

23 有關吉田初三郎「雙絕臺灣八景」明信片組的分析介紹，參見李欽賢。《斯土繪影（1895-1945）》（臺北：立虹出版社，1996），28-55。

24 轉引自顏娟英，〈觀看與思索的風景〉，收在顏娟英譯，《風景心境：臺灣近代美術文獻導讀》（上）（臺北：雄獅美術，2001），21。

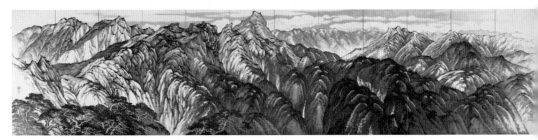

鄉原古統　《臺灣山海屏風‧能高大觀》　1930　水墨紙本　173×744cm

派所強調的自然寫生觀念，復通過來臺後深入探遊島內山水的親身體驗，力圖在創作中擺脫制式化的「臺灣八景」圖像描繪。[25] 根據鄉原古統的自述，他就是因為心馳神往於臺灣的絕美風光，當步入而立之年時決定來臺任教席；他遍遊本地山海勝景並沿途寫生取景，以個人的創作來讚頌這個美麗島嶼。[26] 譬如在其參與籌辦並出任評審的「臺灣美術展覽會」中，鄉原古統曾推出《臺灣山海屏風》的系列畫作參展數回。這批連屏巨構來自他親炙臺灣山水豐富而充實的經驗，藉著嚴謹卻不失靈動的運筆用墨及章法結構，表現出島上奇麗山川充滿生命力的恢宏氣象。

　　戰後日本結束在臺灣的殖民統治，從大陸撤退來臺的國民黨政府，接續推展本地的基礎建設與觀光旅遊，譬如 1960 年中部橫貫公路的開通使用，就更為便利島內民眾遊覽各處風景名勝。其時臺灣藝壇上擅長以在地山水入畫者大不乏人，像渡海南遷的書畫家傅狷夫，就

25　根據蔡家丘的分析，雖然鄉原古統等來臺畫家已嘗試擺脫官方的「臺灣八景」，但真正能「走出八景」並且「看見臺灣」的創作，要等到戰後日本結束殖民統治後才真正出現。見蔡家丘，〈從臺灣八景看見臺灣──概述臺灣美術風景圖像的變遷〉，收在林育淳編，《臺灣紀行‧臺北市立美術館典藏專冊 III》（臺北：臺北市立美術館，2014），32-43。

26　見林育淳，《鄉原古統》，79。

是廣受推崇的箇中翹楚。他曾經提到：「在近來十餘年中，我曾二上阿里山，三遊東西橫貫公路⋯⋯因而就平時觀察之所得，乃創裂罅皴及先點後皴諸法⋯⋯」[27]傅狷夫勤於寫生觀察臺灣各地的山海實景，除了根據島嶼地質岩石的肌理特徵而開創裂罅皴外，也一改前人以線條勾勒描繪雲霧與浪濤，參酌西方水彩的渲染技巧而另闢染漬法及點漬法，窮形盡相地表現出本地山水美景的各種形態面貌。[28]傅狷夫卓然有成的臺灣在地山水創作，也具體而微地反映了戰後本地藝壇有關「寫生」觀念與實踐的新發展。

早在日本殖民統治時期，來臺日籍藝術家即把東洋寫生畫法引入臺灣，並積極於島上進行普及化的推廣；那時候不管是中小學的圖畫課還是官辦的展覽會，皆以此作為繪畫教學與審美判斷的準則。[29]因此在日本東洋畫體系中受教成長的臺灣藝術家，莫不反對臨摹而視寫生為創作的不二法門，如留日畫家林玉山便強調：「在不斷的寫生經驗中就會不斷的產生新的靈感而發展出新的表現技法。」[30]然而戰後的臺灣基於「去日本化」以及「復興中華文化」的國家政策，大批自大陸遷臺的水墨畫家取代成為本地藝壇的主導力量，他們雖然並不排斥對景寫生，但卻始終堅持臨摹的重要性，講求通過筆墨的基本訓練以掌握傳統文化的精神內涵。50 及 60 年代臺灣水墨畫的發展，就是

---

27 傅狷夫，〈我的書與畫（下）〉，收在黃光男，《浪蹟藝壇一覺翁》（臺北：臺北市立美術館，1989），163。

28 見羅振賢，〈傅狷夫山水創作之地域因素〉，收在林進忠編，《紀念傅狷夫教授：現代書畫藝術學術研討會論文集》（新北：國立臺灣藝術大學，2007），21-27。

29 見楊宗坤，《臺灣光復後四十年國畫寫生之研究》（臺北：臺北市立美術館，1995），61-69。

30 轉引自林泊佑編，〈繪畫觀的驗證──速寫與素描〉，《林玉山教授創作展》（臺北：臺北市立美術館，2000），54。

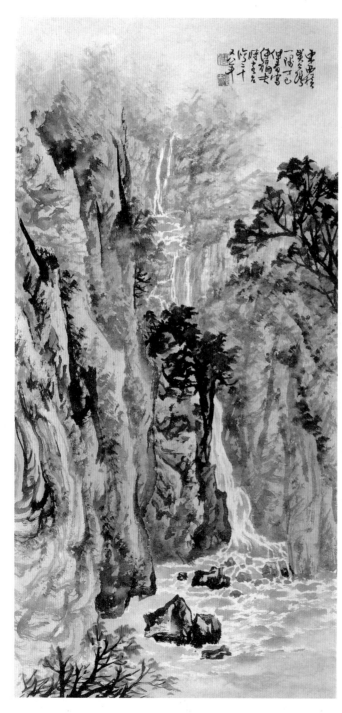

傅狷夫
《東西橫貫公路一隅》
1977　水墨設色紙本
90×45cm

糾纏於寫生與臨摹不同的藝術理念及創作實踐中，產生了一種特殊的
融合折衷現象。[31] 不過像黃君璧和傅狷夫等水墨名家，他們的創作既
通過臨摹而窮極筆墨要妙，同時又借助寫生以追求應和現實的藝術創
造，從而在傳統國畫的轉化過程中初步建構起具有本土在地性意義的
臺灣風景繪畫。

臺灣自上世紀 70 年代開始，隨著經濟成長帶動了本地社會各方面
的發展，然而國際情勢的轉變卻使其外交政治陷入困境，加上「釣魚
臺事件」所激起的反帝愛國思想，導致知識界萌生一種民族自覺的反
省及批判。當時臺灣文壇率先發起「鄉土文學論戰」，並迅速擴散影
響到美術界，形成一股反對西方現代主義（modernism）的文藝思潮。
所謂的「鄉土美術運動」遂應運而生，在現實主義與民族精神的召喚
下，年青一輩的水墨畫創作者承襲寫生觀念，並且吸收了美國懷鄉寫
實畫家魏斯（Andrew Wyeth）以及超寫實主義（hyperrealism）的畫法，
創造發展出臺灣鄉土寫實的新風格。[32] 一時之間以此為創作訴求者大
批湧現，其中尤以師大與藝專系統的水墨畫家為多數，他們擅長把臺
灣山水的真景實貌熔鑄於畫幅中，既藉運筆用墨以呈現自然之美，同
時借景抒情以表達鄉土之愛。1981 年國立歷史博物館籌劃催生的《寶
島長春圖卷》，可謂鄉土寫實風格的集大成鉅構，匯聚島內重要水墨
畫家合力完成，表現臺灣由北至南自然風光的美景以及人文建設的繁

---

31 當時臺灣水墨畫壇有關寫生與臨摹的論爭以及妥協，見朱佩儀、謝東山，《臺灣寫實主義美術
1895-2005》（臺北：典藏藝術家庭，2006），172-78。

32 在臺灣鄉土美術風潮中，本地報章刊物發揮了推波助瀾的作用，特別是《雄獅美術》扮演重要角色，
如主編蔣勳於 1978 年 3 月號發表專文提出「民族的、現實的」宣示，後又以大篇幅介紹魏斯其人
其畫，並且設立「雄獅新人獎」以鼓勵相關創作取向的年青藝術家。見楊宗坤，《國畫寫生之研究》，
126-41。

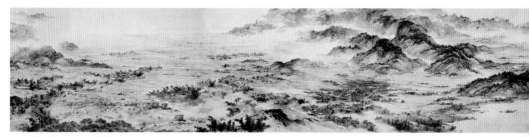

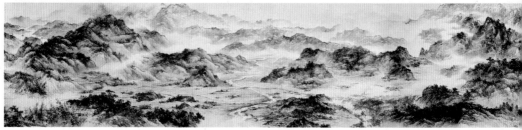

李奇茂、范伯洪、羅芳、蘇峯男、羅振賢、蔡友　《寶島長春圖卷》　1981　水墨設色紙本
177×6451cm

榮。[33] 對於面向現實生活並關懷臺灣本土的時代與社會訴求，新一代
的鄉土寫實水墨畫家作出了適切的回應，雖然他們的畫中山水仍然或
多或少帶有「中原情懷的臺灣風物」，但其創作無疑已經進一步建立
起具有臺灣主體意識的文化價值。[34]

33　《寶島長春圖卷》的繪製，先由畫風相近的年輕水墨畫家商議繪成草圖，再經張大千指導後確定畫
稿。1981 年 7 月 10 日史博館國家畫廊舉行隆重儀式，由老一輩的張大千、黃君璧等進行開筆揮毫，
後續由李奇茂、范伯洪、羅芳、蘇峯男、羅振賢和蔡友為主繪畫家，以半年時間完成總長約 65 米
的鉅作。其內容描繪了北起野柳金山，經臺北盆地、臺中、鹿港、阿里山、嘉南平原、高雄，南至
墾丁鵝鑾鼻等，。見國立歷史博物館「史博製造」小組，〈「史博製造」——凝聚土地情感的《寶
島長春圖卷》與《臺灣山水八景》〉《歷史文物》　29.3（2019 年 9 月）：10-17。

34　有關臺灣鄉土寫實水墨畫的研究，論者仍各持不同的看法。譬如蕭瓊瑞認為：「作品中承載的情感，
來自中國文人傳統的承襲，遠多於對現實景物的感動……」然而廖新田則指出 70 年代席德進等人
的鄉土藝術：「對本土的認知與在藝術上的呈現，是出於主體的認同與藝術需求的考量……這種對
鄉土的熱望是中西文化衝突體驗下的真摯感受。」蕭瓊瑞，〈「現代水墨畫」在戰後臺灣的生成、
開展與反省〉，《島嶼色彩：臺灣美術史論》（臺北：東大圖書，1997），170；廖新田，〈近鄉情怯：
臺灣近現代視覺藝術發展中本土意識的三種面貌〉，《文化研究》　2（2006 年 3 月）：185。

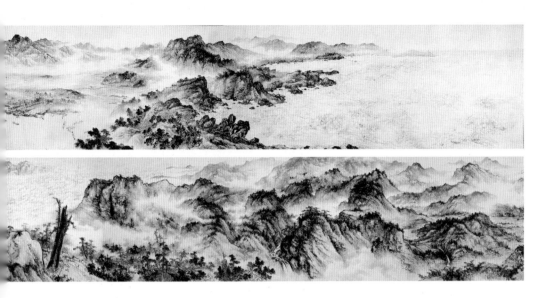

三 殖民彼岸

　　臺灣美術在建構文化主體性的過程中，渡過了困惑掙扎的漫長歲月，至今仍無法完全擺脫殖民歷史的陰霾。近代殖民主義（colonialism）的出現，跟歐洲以自由經濟為主導的社會發展息息相關，隨著重商精神與科技文明的崛起，開啟了歐洲白人向外擴張並掠奪資源及市場的海上霸權，以軍事武力統御其他亞非美洲地區的弱小國家民族。臺灣也是在此一歷史背景下，曾一度於 17 世紀淪為荷蘭與西班牙的殖民屬地。而到了日治時期的臺灣，東方新興的帝國強權不但施行政治壓迫與經濟支配，同時也用偷天換日的文化殖民手段，使被殖民者逐漸喪失其本土文化傳統以及民族歷史記憶。雖然伴隨日本殖民統治而來的現代性（modernity），使臺灣體驗到進步的社會改造，但島民卻也開始陷入文化身分難以自主的泥淖中。陳芳明在其本土文化論述中就指出：

在統治臺灣之際，使得被殖民的知識分子錯覺地以為現代性等同
於日本性（Japaneseness）。這種混淆與困惑，在一定程度上使很
多知識分子發生認同上的危機⋯⋯許多臺灣人，被現代化的假面
所蒙蔽，並且選擇最便捷的方式使自己升格成為日本人。[35]

　　回顧日治時期的臺灣美術，在「皇民化」政策下成長的藝術家，
像李梅樹、李石樵和陳進等，都是抱持著這種殖民思想的崇日心態，
前仆後繼地負笈東瀛，在理想的彼岸國度求藝取經。這批為臺灣文化
啟蒙揭開序幕的藝術家，有的從日本間接吸收法國印象派以至野獸派
的表現手法，有的則是學習明治維新後出現的「日本畫」（Nihonga），
藉以發展所謂先進的「現代」美術；可是他們的創作卻不免服膺於帝
國主義的殖民思想，欠缺了作為知識分子對民族文化自覺應有的社會
意識及批判精神。[36] 在日本殖民政府統治的五十年間，臺灣藝術家大
多順應現實的情勢，通過參與官方主導的「臺灣美術展覽會」與「臺
灣總督府美術展覽會」，復於政治權力及學術機制的共謀運作下，成
功地取得本地藝壇的權威領導地位。正如其他地區的殖民歷史經驗所
揭示，在追求現代文明社會進步發展的過程中，被殖民者往往不知不
覺地枝附影從於宗主國文化的各種價值觀念。日治時期臺灣藝術家的

35　陳芳明，《殖民地摩登：現代性與臺灣史觀》（臺北：麥田出版，2004），12。
36　有關日治時期臺灣美術創作與當時社會的互動狀況，參見廖新田，〈日據時期 (1895-1945) 臺灣美術
　　發展中社會意識的探討〉，收在林明賢編，《「島嶼風情」——日治時期臺灣美術之研究》（臺中：
　　國立臺灣美術館，2008），34-53。

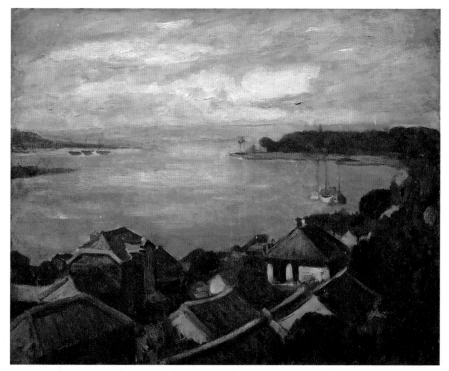

李梅樹　《淡水港》　約1930　油彩畫布　65×80cm

順民心態，讓他們成為了殖民者同化政策下的文化代理者，其創作自然難以彰顯具有主體性的文化身分。[37]

　　1949年後遷臺的國民黨政府，推行以中國文化傳統為宗的國家文藝政策，使本來在日治時期長期受到貶抑的水墨書畫創作，迅速於島上得到長足的發展。號稱「渡海三家」的張大千、溥心畬和黃君璧，就是把中原一脈相傳的水墨畫傳統，移植生根於臺灣的藝術土壤上。

37　除了楊啟東與陳植祺等少數人外，日治時期的臺灣藝術家皆抱持著沈默妥協的態度，對於當時批判性的社會運動不聞不問。見楊孟哲，《日帝殖民下臺灣近代美術之發展》（臺北：五南圖書，2013），194-211。

不過從上世紀的 50 年代開始，海峽兩岸的國共對峙以及國際上的冷
戰局勢，促使以美國為首的西方勢力不斷注入臺灣，從而激發起島上
一波風起雲湧的現代美術運動。當時引領風騷的「五月畫會」與「東
方畫會」，其會員莫不睥睨傳統水墨的守舊落後，把西方的現代藝術
奉為畫學圭臬；於是美歐的抽象繪畫成為他們革故鼎新的有力武器，
橫厲 60 年代的臺灣藝壇。[38] 針對這種唯西方藝術是從的好新慕洋之
舉，雖然「五月畫會」的主將劉國松作出回歸中國傳統的反省，而其
後文藝界的鄉土運動也提出關懷現實生活的呼籲，然而伴隨資本主義
（capitalism）商品文化洶湧而至的西方新潮，已銳不可擋地席捲整個
臺灣社會。因此從 70 年代末以後，本地的美術發展便在氾濫的西潮中
隨洋波逐新流。

　　以美國為代表的西方文化霸權（hegemony），其襲捲全球的現代
藝術狂瀾，對於戰後臺灣美術發展而言，誠然具有正面的啟蒙催化作
用；而島上年青藝術家附驥攀鴻於美歐文藝新潮，也確實曾為保守僵
化的美術創作帶來革新的動力。像莊喆、馮鍾睿、胡奇中和韓湘寧等
「五月畫會」的成員，還有接續一波又一波的藝壇後繼，他們的心靈
深處莫不充滿著對太平洋彼岸的美麗想像，因此想方設法遠渡重洋移
居美國，在彼岸異邦追逐夢想的藝術事業。[39] 這無疑反映了斯時臺灣

38　針對臺灣 60 年代抽象繪畫的批評論述，見林惺嶽，《臺灣美術風雲四十年》（臺北：自立晚報，
　　1987），73-103；倪再沁，〈西方美術‧臺灣製造──臺灣現代藝術的批判〉，《雄獅美術》242（1991
　　年 4 月）：114-33。

39　二戰後的冷戰時期，美國政府利用中央情報局 CIA（Central Intelligence Agency）無孔不入的滲透方式，
　　以達到帝國主義霸權的文化主導及宰制，其中如將紐約新興的抽象藝術家塑造成世界性的成功樣
　　板。相關的研究分析，參見 Frances Stonor Saunders, *The Cultural Cold War: The CIA and the World of Arts and
　　Letters* (New York: The New Press, 1999), 190-212.

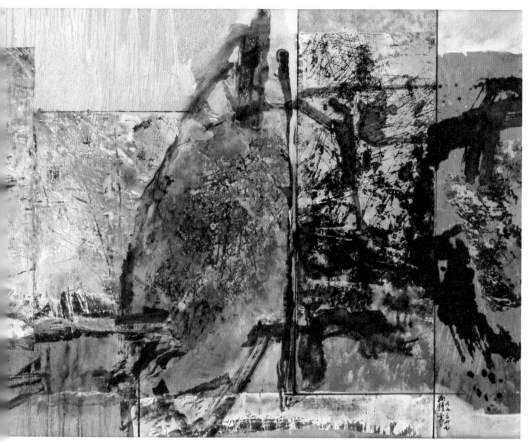

馮鍾睿　《風景》　1999　油彩畫布　78×98cm

人的一種普遍心態──嚮往追求「美國世紀」的「美國夢」。殊不知
此乃西方延續其殖民奴役他國所編造出來的美好假象，其實是文化與
帝國主義的沆瀣一氣，造就美國成為主宰國際藝壇獨領時代潮流的藝
術霸權。[40] 根據薩依德批判性的論點來看，在現今後殖民時代的臺灣，

---

[40] 文化論者河清就指出：「對於美國人，美國和『現代』、『當代』是同一的，美國即『現代』、『當
代』……美國人始終懷有一種『宗教使命』，用美國價值觀教化全人類……美國人歷來都採用『世
界主義』和『時代精神』的文化戰略，同時標舉『國際』和『當代』（或『現代』）。」河清，《藝
術的陰謀：透視一種 " 當代藝術國際 "》（桂林：廣西師範大學出版社，2005），140。

美術創作者絕不可再對文化殖民化的問題掉以輕心，一味追求藝術的「當代性」與「國際化」而不擇手段地盲目「美」化作品。他們這種學步西方的做法，以喪失自身的本源文化與民族意識為代價，意欲參與國際並乞求認可，將導致臺灣的當代美術失其故行，無法建立自我身分的認同，最終淪為西方主流藝壇無足輕重的點綴物。

近數十年來的臺灣美術發展，一直糾纏於民族主義（nationalism）與本土主義（localism）的聚訟紛紜中；而在對立的政治意識形態挾制下，難以建構並彰顯獨立自持的文化主體性。後殖民主義的思想先驅法農（Frantz Fanon），就一再強調民族文化復興的重要性，藉以喚醒殖民地知識分子對文化自我重塑的覺悟，俾利進行反抗並謀求解除殖民霸權的壓迫宰制。[41]臺灣於光復後的戒嚴時期，國民黨政府通過「中華文化復興運動」等政策宣揚民族主義思想，曾有效地掃除日本殖民統治所遺留下來的文化餘毒。由於臺灣當時在國際舞台上仍合法代表「中國」，這些本應是無可厚非的國家政策，但是當權者主導的臺灣主體文化重健，往往熟視無睹了本源文化中所積澱漫長而複雜的歷史記憶，加上親美政策下社會瀰漫的崇洋心態，在在困擾影響著島民文化主體性的認同。然而經過政黨輪替後民進黨推行的「本土化」政策，又用極端的政治意識形態來否定跟中原文化傳統的關聯，並藉「白色恐怖」等歷史傷痕以深化族群的分化對立，更令臺灣文化身分的重建陷入厝火積薪的處境。面對臺灣社會這種泛政治化的現象，水墨藝術

---

41 見法農〈論民族文化〉（On National Culture）一文，Frantz Fanon, *The Wretched of the Earth*, Constance Farrington trans. (New York: Grove, 1963), 206-48.

作為中國傳統文化的重要表徵，也因島上反抗「中國殖民主義」及「中國文化沙文主義」的訴求，遂在本地藝壇被逐漸邊緣化。[42]

彼岸大陸近年經濟實力的崛起，儼然成為新世紀的世界強權，而隨著經濟全球化的發展趨勢，中國龐大的市場規模與強勁的消費力，已導致國際政經權力秩序的重整。因應此一政治經濟情勢的轉變，臺灣傳統產業已群起出走至海峽彼岸，島上的人才同時也被大量吸收離開。中國在藝術品國際交易市場上，更是展現出左右大局的實力，而當代水墨藝術晚近成為市場炙手可熱的新貴，也是依賴大陸的政經實力作為幕後推手。不少臺灣藝術家意識到中國市場的誘人潛力，不禁油然心生起對海峽彼岸的美好想像，其創作為了爭取更好的經濟效益，或也樂於加入本土在地性的元素，但本源文化卻未必真正受到重視，可能只是被隨手拿來然後削足適履地塞入中原文化體系內，以彰顯其中「他者性」（otherness）

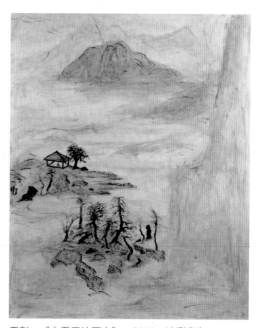

于彭　《坐看天地不言》　2013　油彩畫布
162×130cm

42　無論是課綱的修訂，還是臺北故宮的「臺灣化」，無不顯示民進黨政權在文化議題上政治性的考量與操作。早在 90 年代陳水扁擔任臺北市長時，臺北市議會在民進黨議員的運作下，以預算審核權迫使臺北市立美術館進行轉型，停止主辦「水墨雙年展」及其他水墨畫展，並限制典藏水墨類作品。

的賣點。[43] 這樣的情況就像日治時期的一些臺灣畫家,利用濃厚顏色或「生蕃」等本土形象,編造出具有異族風味與鄉土情調的所謂「地域色彩」,意圖謀取日本殖民者的認許及青睞。[44]

從東瀛彼岸、太平洋彼岸到海峽彼岸,臺灣就是在不停追求「理想彼岸」的過程中,逐漸自我迷失於立足的當下此岸。[45] 這種對彼岸理想國度的想像,無疑是根源於帝國主義霸權的文化殖民作用,使臺灣始終無法擺脫自我貶抑矮化的心態,而一味追慕嚮往宗主彼岸所擁有的優越價值。對於臺灣的藝術創作而言,當務之急乃是如何在目前「全球化」(globalization)的浪潮中,摒除各式各樣文化殖民作用的蠱惑,站在本土立場上謀求文化主體性的重新建構。[46] 後殖民主義理論家巴巴所強調的「混雜性」(hybridity)概念,精闢地指出殖民地多元文化的交混雜揉,足以顛覆殖民思想的權威性與優越性,故有助於實現文化意義的重建。[47] 臺灣文化確實具有這種「混雜性」的特點,它本來就由各種異質性元素在歷史過程中融合而成,當中包容了原住民、福佬、客家、外省、新住民等不同族群的歷史傳統,也含納日本、美國與中原文化的成分及影響。

---

43 文化評論者朱耀偉就提出警告:「這種以『異國』為名的消費主義無不將『他者』商品化,而第三世界知識分子在這脈絡下也順理成章的變成了『他性機器』,以生產供第一世界消費的『他性』為其職業。」朱耀偉,《當代西方批評論述的中國圖象》(臺北:駱駝出版社,1996),140。

44 見薛燕玲,《日治時期臺灣美術的「地域色彩」》(臺中:國立臺灣美術館,2004),16-40。

45 不少臺灣後殖民主義論者認為,中國在文化上對臺灣的收編,代表的是一種殖民主義的再延伸。見陳芳明,《後殖民臺灣:文學史論及其周邊》(臺北:麥田出版,2002),12-19。

46 法國社會學家布迪厄(Pierre Bourdieu)在《遏止野火》(Contre-feux)一書中指出,「全球化」乃是以美國為主導的跨國金融資本與經濟勢力,通過宣揚新自由主義(neoliberalism)的價值觀去削弱民族國家的政治經濟文化主權,藉此達到掠取控制各國資源及財富的目的。見河清,《全球化與國家意識的衰微——附譯:布迪厄〈遏止野火〉》(北京:中國人民大學出版社,2003),103-67。

47 見 Homi K. Bhabha, *The Location of Culture* (London: Routledge, 1994), 2-6, 112-16.

四 心印山水

筆者堅信真正具有臺灣文化主體性的藝術創作，絕非偏激地鼓吹狹隘的本土主義，以仇外的心態去排斥對美日或中原文化的互動交流，而是必須尊重不同文化元素的多元性與差異性，從而在現今晚期資本主義（late capitalism）全球化的國際架構中確立自我身分的認同。臺灣文化論者邱貴芬就是採取這種包容性的文化論點，揭示在後殖民情境中混融的「臺灣本質」，乃是其被殖民經驗裡所有不同文化異質的全部總和。她歸結出臺灣文化的主要特點：

> 如果臺灣的歷史是一部被殖民史，臺灣文化自古以來便呈「跨文化」的雜燴特性，在不同的文化對立、妥協、再生的歷史過程中演進。一個「純」鄉土、「純」臺灣本土的文化、語言從來不曾存在過。[48]

臺灣文化身分所具有的「混雜性」特質，可說是晚期資本主義「跨文化融合」（transculturation）下的普遍現象。[49] 所以在這個中西混雜的臺灣文化空間裡，文學寫作上的語言文字或藝術創作上的形式技巧，出現種種不中不西的雜糅情況，也就順理成章地不以為怪。試看劉國松的水墨畫作品，其紛繁雜沓的表現手法，的確難以用中國傳統繪畫

---

48 邱貴芬，〈「發現臺灣」：建構臺灣後殖民論述〉，收在邱貴芬編，《後殖民理論與文化認同》（臺北：麥田出版，2007），169-70。

49 根據後殖民主義的觀點，在「跨文化融合」的狀態下，不同的文化可以進行相會、衝撞及調適，從而產生一種支配與臣服間極度不對稱的關係。見 Bill Ashcroft, Gareth Griffiths and Helen Tiffin eds., *Postcolonial Studies: The Key Concepts* (London: Routledge, 1998), 233-34。

或西方現代藝術的既有標準來評斷。又如袁金塔的多媒材創作，其中便含納了中國傳統、西方現代、日本東瀛及臺灣原民等混雜的文化特點。

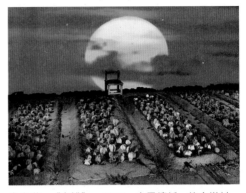

袁金塔 《守護》 2017 水墨鑄紙、綜合媒材、影像投影 650×400×250cm

筆者構思有關臺灣山水的系列新作時，既欲承襲前輩水墨畫家本土在地性的藝術追求，更嘗試在既有的創作風格與理念上，建構一種具有當代性意義的文化自創。作為一個 21 世紀的臺灣藝術家，對於自身以至家國天下的重重難題困境，無疑必須進行深切的探討與省思，以富於人文主義的精神反映現實及觀照人世。因此筆者擬訂「心印臺灣」的系列主題，重新發掘本地自然景觀與風土人情之美，並且以個人當下生活的這塊土地為立足點，通過後殖民主義的文化思索與想像，深入檢視臺灣當前內部及外部所面對的種種危機。筆者試圖在創作上運用象徵性圖像的隱喻方式，一方面顯示島內社會存在的矛盾衝突與動盪不安，特別是文化上危如累卵的現況，同時也反映臺灣外在國際情勢的風雲詭譎，藉此表達個人置身於島上對這些困局險境的所思所慮。

然而牽涉到時事性議題的創作，於事過境遷之後往往會失去原有的藝術感染力，因此未必能經得起嚴苛的時間考驗。傳統文藝領域的偉大作品，莫不是在時代背景的敘事表象下，揭示具有恆久價值攸關人性本質及生命存在的深刻問題。筆者多年來經常使用佛教經文，構

成作品中方格圖式的畫面背景，一方面是重新詮釋傳統繪畫中文字與圖像的關聯，另一方面則是從宗教性的角度觀照生命並思考人生。在新一系列以臺灣山水為主題的創作中，筆者特意結合佛教的《般若波羅蜜多心經》（*Prajñāpāramitāhṛdaya*）或簡稱《心經》，藉著相關的宗教思想以求取心靈上的安撫及解脫。《心經》原是《大般若波羅蜜多經》（*Mahā-prajñāpāramitā Sūtra*）六百卷中的一小部分，乃唐代玄奘從印度取回的佛教經典之一。玄奘的《心經》漢譯本成為漢傳佛教中流通最廣的版本，全篇經文總共只有 260 字，但其內容言簡義豐而博大精微，以舉綱提領的方式闡明第一義諦，可說體現了佛教般若思想的精髓，因此在歷代皆廣受各方的重視。[50]

> 梵文的「般若」用中國的字來說明是「智慧」……「波羅蜜多」就是「度」，也就是「從此岸渡到彼岸」的意思。有了般若，就能把我們從「迷」度到「悟」，把我們從「痛苦」度到「快樂」，把我們從「動」度到「靜」。有了般若，人生沒有苦只有樂，沒有動亂只有寂靜，沒有愚痴只有覺悟……[51]

正如釋星雲對「般若波羅蜜多」開宗明義的解說，《心經》以大智慧作為人生人心的指導原則，使眾生得以超越苦厄與煩惱，達到解

---

50 《心經》在歷代出現眾多漢譯版本，至北宋太宗時至少已有 11 種譯本，現今於《大藏經》中仍見有 8 種，除了姚秦時期鳩摩羅什和玄奘的版本只有正宗分外，其它的還多加序分及流通分，故譯文的字數皆比較多。見釋聖嚴，《心的經典：心經新譯》（臺北：法鼓文化，1997），164-65。

51 釋星雲，《般若心經的生活觀》（臺北：有鹿文化，2010），21，44-45。

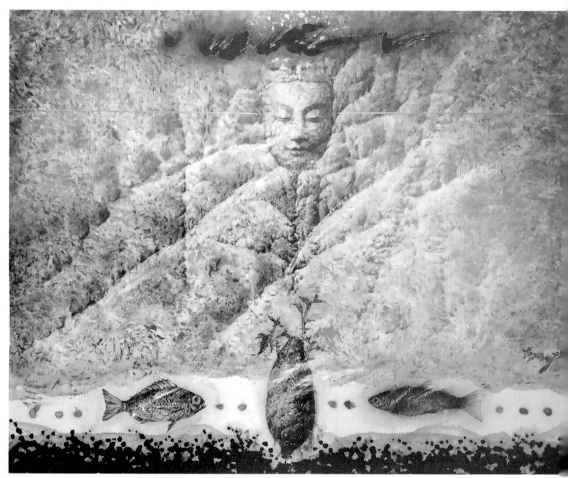

李振明　《浮現・希望》　2015　水墨設色紙本　76×95cm

脫而覓得生命永恆的歸屬。當前世界各地自然與人為災禍頻仍，地球暖化導致的極端氣候四處蹂躪，加上新冠病毒的疫情肆虐全球，造成世人惶惶不可終日。回頭再看臺灣島內的狀況，黨派惡鬥下政局持續動盪紛擾，社會的價值扭曲並且方向混亂，族群撕裂形成各種矛盾衝突，文化上更是迷失自我而難有認同共識，種種沉痾的現象讓人憂心忡忡。《心經》本就是人們在苦難困頓時最常依託的佛教經典，於目下此刻當可發揮積極的社會功能，其相關的佛教義理足以達到撫慰人心的作用，正如經文所言的「照見五蘊皆空，度一切苦厄」。[52] 無怪乎時人佛子如斯熱衷於念誦與研究《心經》，書家無不喜好抄寫此經，甚至還被譜成流行歌曲為人傳唱。[53] 筆者新一系列「心印臺灣」的創作，特別運用了《心經》的 260 字經文為畫面背景，也是希望借助其普澤蒼生的宗教力量，呼應作品中寧謐恬雅的臺灣自然山水景觀，以求達到一種安頓人生淨化心靈的藝術效果。

佛教一直以來皆是臺灣的最大宗教，當前盛行的漢傳佛教更是高度的世俗化，本土各門派多以「佛法生活化」為宣教重點。入世的「人間佛教」理念廣泛在臺灣傳播，除了宣揚涅槃解脫彼岸的極樂淨土思想外，也鼓勵信眾積極參與社會及關懷現世。[54] 宗教世俗化的社會現象也反映在臺灣藝術創作上，像水墨畫家李振明的作品，就善用佛祖

52　釋印順解說道：「修般若波羅密多，通達五蘊皆空，即是因；由此體達空性而能渡一切苦厄，即是果……正見正行，自能得到苦痛的解放而自在。」釋印順，《般若經講記》，演培、續明記錄（重版，新竹：自行出版，1971），176-84。

53　《心經》在華人社會的流行現象，參見陳琴富，《觀心自在：〈般若波羅蜜多心經〉法要》（臺北：時報文化，2019），26-30。

54　印順法師所倡導的「人間佛教」理念，對臺灣主要的佛教團體，如證嚴法師的慈濟功德會、星雲法師的佛光山，以及聖嚴法師的法鼓山，皆產生重要的影響。見丁仁傑，《當代漢人民眾宗教研究：論述、認同與社會再生產》（臺北：聯經，2009），265-306。

菩薩等神明塑像，配置島上特有動植物種的圖繪，組構設計而成繁中
有序的畫面，流露出樸實真切的土地生態眷注。正如李振明所重視的
本土訴求，筆者融合臺灣風景名勝與佛教心經的創作，也是通過富在
地性特質的繪畫形式與內容，針對「心印臺灣」的命題進行後殖民主
義的文化思索，以期探索一種兼具當代性及臺灣文化主體性的藝術追
求。

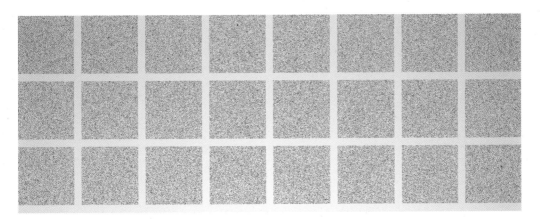

參、水墨藝術的後殖民思維

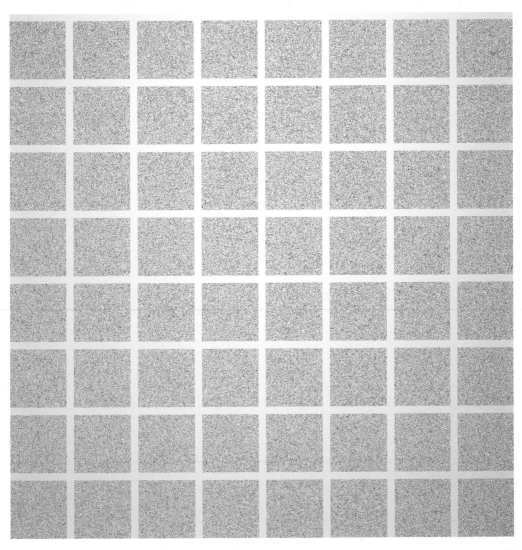

一　現代水墨

回想筆者就讀香港中文大學時，因選修劉國松任教的素描課，得到他的賞識與鼓勵，因而從理科的生物化學轉攻藝術，並立定決心以此為終身志業。此後筆者隨劉國松學習「現代水墨」，其富於批判性的創新思想與畫風，深深影響了個人創作理念的形塑。1965 年劉國松於《中國現代畫的路》一書自序中早就寫道：

> 我的創建「中國現代畫」的理想與主張，是一把指向這目標的劍，「中國的」與「現代的」就是這劍的兩面利刃，它會刺傷「西化派」，同時也刺傷「國粹派」。[55]

劉國松的藝術取向乃是在株守傳統的「國粹派」與好新慕洋的「西化派」以外，另覓一條「入傳統而復出，吞潮流而復吐」的道路。[56] 他的繪畫創作所採取的「第三條路」，在思想立場上與後殖民論者巴巴所提出的「第三空間」（third space）觀點，實有不少共通之處。劉國松意圖從「中國」與「西方」、「傳統」與「現代」等價值觀念的衝突中，創造一種具有文化主體性的「中國現代畫」，以對抗西方殖民主義與中國民粹主義的宰制作用。而他這種來自「第三空間」而具有「中間性」（in-betweenness）特色的文化生產，正如巴巴的論述所言，自各樣差異之間的夾縫中尋求超越對立的固有範疇，從而實現文化意

---

[55] 劉國松，《中國現代畫的路》（臺北：文星書店，1965），4。

[56] 劉國松藝術所謂「第三條路」的創作取向，參見余光中，《雲開見月——初論劉國松的藝術》，《文林》4（1973 年 3 月）：30-31。

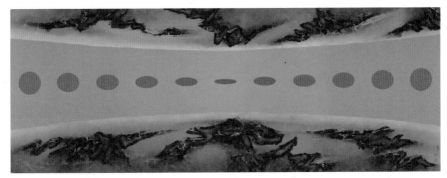

劉國松　《十九世紀，二十世紀，二十一世紀》　1999　水墨設色紙本　186×497cm

義的重新建構。[57]

　　1995 至 1997 年筆者於臺中東海大學美術研究所進修，繼續親炙劉國松的教澤，同時也得到王秀雄、蔣勳、陸蓉之、薛保瑕和李振明等老師的指導，增加了對臺灣現當代美術發展的了解。筆者發現臺灣社會外表繁華卻內在空洞，其文化身分嚴重失落。一方面在藝術創作上充斥著唯西方標準與品味是從的現象，故藝壇附拾皆為趨時髦東拼西湊的形式，或是隨西風左搖右擺的風格。這正說明在西方文化殖民化的作用下，大量臺灣藝術家心馳神往於美歐現代藝術的流風遺澤，遂罔顧民族意識的泯滅與文化內涵的空洞，曲意逢迎外來的標準及品味，同時利用趕上時代潮流甚至躋身國際藝壇的訴求為藉口，來掩飾其模仿行為及崇洋心態。[58]但另一方面藝術界又有不少以捍衛中國傳統自居者，無視臺灣本土文化存在的現實，而一廂情願地枝附影從於中原的「國畫」正統，苟延不合時宜的繪畫思想及作風。

　　因此 90 年代中筆者於臺中學習期間，開始借鑑方興未艾的後殖民

57　Bhabha, *Location of Culture*, 1-3, 36-39.

58　針對臺灣當代美術過分西化的殖民文化現象，筆者於 1990 年代即提出嚴厲批評。李君毅，〈伊卡洛斯式的飛行──論臺灣當代美術的危機〉《藝術秀雜誌》19（1997 年 11 月）：12-16。

理論，試圖建立一套具有文化自主性的藝術思想，並以此作為個人「現代水墨」創作的學理依據。經過研讀大量後殖民主義的論著，筆者特別關注薩依德二元對立的論述策略，以及巴巴「第三空間」與「中間性」等概念，思考其中所能賦予臺灣美術發展的啟示。筆者將數年間的研究成果，陸續撰寫成數篇學術論文，於臺北市立美術館館刊《現代美術》上發表。[59] 不過在學理探究的過程中，筆者深感學術方面的專業訓練不足，經過了學者長輩李鑄晉的鼓勵與安排，遂決定前赴美國進修美術史及藝術理論，以求掌握美歐學術研究的嚴格方法，同時深化對中國傳統文化藝術的認知，以期建構個人「現代水墨」創作更為堅實的學理基礎。[60]

　　所謂「現代水墨」者，早已廣為藝壇與學術界所習用，乃專指一種對傳統國畫進行變革，而呈現出創新風格及思想的創作類型。[61] 追溯「現代水墨」一詞的使用，實沿襲並脫胎自「水墨」這個名詞。中國畫史中記載唐代王維提出「夫畫道之中，水墨最為上」的說法，以倡導純用黑墨點線繪染的畫法，後來成為了文人畫的主要表現方式。[62] 然而上一世紀的 60 年代開始，在臺灣和香港藝壇分別出現了「水墨」的新用法。譬如呂壽琨於 1966 年在香港中文大學校外進修部開設「水

59 李君毅，〈歷史偏見與霸權支配——對「中國」論述的思考〉，《現代美術》73（1997 年 8 /9 月）：27-31；〈從後殖民主義的觀點解析當代臺灣美術〉，《現代美術》76（1998 年 2/3 月）：46-50；〈後殖民情境與香港現代水墨畫〉，《現代美術》82（1999 年 2/3 月）：30-36。

60 中國美術史權威李鑄晉多年來對筆者關愛扶掖有加，曾撰寫多篇論述個人藝術創作的文章。李鑄晉，〈李君毅——中國水墨畫的一顆新星〉，收在《李君毅水墨畫展》（臺北：三原色藝術中心，1989），1-3；〈融會貫通——李君毅藝術的新境界〉，收在《李君毅》（香港：香港現代水墨畫協會，1997），4-6；〈李君毅和中國水墨畫的新傳統〉，收在徐之婷編，《李君毅水墨創作集》（臺北：名山藝術，2013），6-7。

61 「現代水墨畫」一詞的定義可參見李鑄晉，〈「水墨畫」與「現代水墨畫」〉，收在李君毅編，《香港現代水墨畫文選》（香港：香港現代水墨畫協會，2001），27-40。

62 王維，《畫學秘訣》，收在于安瀾編，《畫論叢刊》上卷（北京：人民美術出版社，1960），4。

墨畫課程」，教授有別於傳統國畫的創
作觀念及方法，其後更把授課講稿整理
出版《水墨畫講》一書。[63] 劉國松則有
感於臺灣日益嚴重的西化現象，於 1968
年在臺北成立「中國水墨畫學會」，集
合一批反對學步西方藝術新潮的同道，
協力推展富民族特色的現代美術運動。
此一團體於 1970 年更首先使用「現代
水墨」的名稱，作為畫會展覽的標題。[64]
其後「現代水墨」一詞便於臺港兩地被
廣泛採用，藉以稱謂一種既無法歸屬中
國傳統、亦並非附從西方現代的新派繪畫。

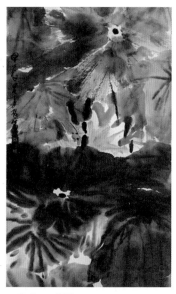

呂壽琨　《荷》　1963
水墨設色紙本　79×48.5cm

　　筆者師承劉國松的「現代水墨」創作，而在後殖民理論的薰染下，
更以批判性的態度追求一種具有文化自主性的身分認同。後殖民主義
的「對抗性論述」（counter-discourse）所質難的帝國主義霸權支配，讓
筆者洞悉美歐殖民文化對現當代臺灣美術的宰制作用，遂在傳統的水
墨媒材中重新發掘民族固有的藝術特質，並以此為據堅定地抗拒對西
方主導性文化的崇尚與依附。[65] 不過臺灣特殊的後殖民情境，也讓筆
者戒慎警惕中國民粹主義的威權控制，因此高揚水墨創作的當代意義
與本土在地性，堅決反對撿拾古人牙慧的弊端。

63　呂壽琨，《水墨畫講》（香港：自行出版，1972）。

64　中國水墨畫學會編，《中國現代水墨畫》展覽圖錄（臺北：中國水墨畫學會，1970）。

65　有關「對抗性論述」所具有顛覆殖民主義理論與實踐的象徵意義，見 Bill Ashcroft, Gareth Griffiths and
　　Helen Tiffin, *Key Concepts in Post-Colonial Studies* (London: Routledge, 1998), 56-57.

　　筆者也曾經根據後殖民主義的觀點，分析劉國松的藝術創作理念，指出他從早年追求「中國現代畫」轉為其後倡導「現代水墨」的隱藏意涵。劉國松這種用詞上的改變，正名責實地表明他拒絕盲從中國或附麗西方的文化立場。[66] 事實上「現代水墨」一詞所隱含的後殖民意義，一方面是以具有民族主體性的「水墨」，對西方藝術的文化殖民作用進行對抗及顛覆；另一方面則是通過「現代」觀念的強調而批判保守的民粹思想，同時抗拒跟富於國家主義色彩的所謂「國畫」相提並論，以規避觸及國土認同的敏感問題。有鑑於臺灣社會一直存在著西方殖民主義與中國民粹主義的強烈衝突，筆者遂將個人的水墨創作定位在這兩方對立的意識形態與價值觀念的夾縫中，以追求一種別具抗衡意識的文化自創。

二　當代水墨

　　筆者曾受劉國松「現代水墨」革新觀念的誘導啟發，摸索創造出別具一格的繪畫技巧及風格；而經過了長期的創作實踐與學理研究，也逐步發展並確立個人的藝術理念。劉國松於上世紀的 50 及 60 年代，接受了當時西方現代主義的洗禮，為中國水墨傳統創建出一套革故鼎新的思想觀念。[67] 因此現代主義所標榜的顛覆傳統與形式至上等觀念，成為其抽象繪畫的理論依據，他也提出若合符節的藝術主張，包括「抽象意境的自由表現」、「革筆的命，革中鋒的命」及「先求異，再求

66　李君毅，《宇宙心印──劉國松的藝術創作與思想》（香港：香港大學美術博物館，1972），8-43。

67　現代主義藝術的主要特點，包括人本主義、進步論觀念、革新思想及藝術純粹性等。見河清，《現代與後現代：西方藝術文化小史》（香港：三聯書店，1994），31-248。

好」等。[68] 不過筆者經過持續的思索反芻，特別是 2011 年自美返臺任教職後，逐漸認清辨明自身水墨創作的定位；因個人的藝術乃生發成形於不同的時空背景，其實跟劉國松所倡導的「現代水墨」觀念有別，而更應歸屬於「當代水墨」藝術的範疇。[69] 所謂的「當代」水墨藝術，除了時間上約定俗成的界定外，更重要的是「當代性」（contemporarity）意義的呈現，即創作者個體置身當下去面對、關注、思考並表現當前的客觀存在狀態。[70]

　　當代藝術趨向多媒材跨領域的表現方式，正是反映了當前資訊時代多元跨界的發展態勢，譬如學術上跨學科的整合研究已經成為當代顯學。面對時代的大勢所趨，當代水墨藝術也正朝著多媒材跨領域的方向前進，而此一發展現況各有正面及負面的利弊得失。從正面意義上看，對媒材的開放性使傳統水墨的既有標準規範不復存在，特別是筆墨成法被徹底顛覆瓦解，因此各種新的創作手法讓藝術家有更廣闊的發揮空間，從而使當代水墨藝術呈現百花齊放的多元化局面。正如 2016 年美國搖滾音樂家巴布狄倫（Bob Dylan）獲頒諾貝爾文學獎，反映了當代學術界對文學創作傳統法則的揚棄，然而這種開放態度也同時招致各界的批評。[71] 觀乎當代水墨藝術多元包容的表象背後，相關的

68　關於劉國松藝術所具有的現代主義精神，參見筆者的相關論述。李君毅，〈一個東西南北人——劉國松繪畫的現代主義精神〉，收在李君毅編，《劉國松研究文選》（臺北：國立歷史博物館，1996），211-16。

69　從筆者 2015 及 2019 年出版的兩本創作論述可見，在個人藝術創作的定位上從「現代水墨」轉變至「當代水墨」。李君毅，《後殖民的藝術探索：李君毅的現代水墨畫創作》（臺北：遠流出版，2015）；《此岸彼岸：李君毅當代水墨藝術的後殖民文化思索》（臺北：遠流出版，2019）。

70　針對藝術「當代」以及「當代性」的探討分析，參見汪民安，〈甚麼是當代？〉，收在韋天瑜編，《當代性的生成》（上海：上海人民美術出版社，2017），29-31。

71　見美國《紐約時報》相關報導。Ben Sisario, Alexandra Alter and Sewell Chan, "Bob Dylan Wins Nobel Prize, Redefining Boundaries of Literature," *The New York Times*, October 13, 2016.
https://www.nytimes.com/2016/10/14/arts/music/bob-dylan-nobel-prize-literature.html

創作其實猶如泥沙俱下般良莠不齊，因喪失對其進行判斷的標準與規範，故引發了廣泛的爭議。除了這些作品的優劣無從區分外，更嚴重的是真偽難辨的問題——這裡所指涉的並非著作權，而是水墨文

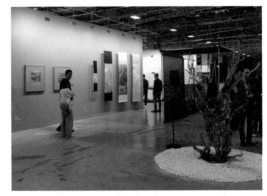

2019「水墨現場」藝術博覽會於臺北花博的展示會場

化身分的真偽。目前在國際藝壇當代水墨藝術的熱潮中，各地美術館與博物館競相主辦相關展覽，國際拍賣公司也設專題拍場及展售會，更有水墨主題的藝術博覽會於中港臺三地舉行。在各種當代水墨藝術的展示場域中，充斥著大量魚目混珠的虛假作品，其內在欠缺水墨的藝術意蘊及美學價值，徒具「當代水墨」的時髦文化標籤，卻只是趨附於時下這股炙手可熱的風潮，以便謀取學術或市場上的利益。

　　無論是對創作者、觀眾或評論家而言，釐清當代水墨藝術的文化身分與定位，乃是遏制匡正目下亂象的不二法門。由於西方當代藝術強勢文化的主導作用，看待此課題時多數人皆抱持「當代藝術之水墨」的觀點，即是以當代藝術作為主體或前提，將水墨創作統攝兼容其中。多年前藝評家陸蓉之就是以這種觀點來考察探討臺灣當代水墨創作：

　　　　在如此多元發展導向的國際藝術洪流裡，中國水墨畫的傳統，只

　　　　不過是一股涓涓細流，一旦注入當代藝術波濤洶湧的氾洪之中，

　　　　不但無法銜接承傳綿延絕續，而且也影響不了大時代潮流之所

趨⋯⋯目前臺灣的當代水墨畫正處在比較邊緣的位置，不論展覽的量與質，也都處於低迷的狀態。[72]

假如用當代藝術的觀念來審視水墨創作，因為所根據的既有理論體系皆為美歐學術界所建構並主導，故理所當然地置西方藝術於中心地位而將水墨邊緣化。

薩依德在《東方主義》（Orientalism）一書中，把傅科（Michel Foucault）有關權力與論述的關係轉移到東西方的問題上，利用大量的文獻資料去論證「東方」不斷被西方霸權的歐洲中心主義（Euro-centrism）思想邊緣化成為「他者」（the other）的歷史遭遇。[73]至於薩依德其後出版的《文化與帝國主義》（Culture and Imperialism），則進一步剖析西方如何以文化帝國主義的方式，通過商品化的市場策略與學術研究的運作機制，延續其「文而化之」他者國族的殖民主義霸業。[74]2014 年紐約大都會博物館（Metropolitan Museum of Art）舉辦了一場「水墨：借古說今中國當代藝術」（Ink Art: Past as Present in Contemporary China）的盛大展覽，無論是策展理念的依據與舖陳，或是展品的選擇及分類，全然以西方藝術的觀點立場為準則，將「水墨」收編在以美歐為首的當代藝術大軍之中充當側翼傭兵。[75]西方世界通過權威學術

---

72 陸蓉之，〈臺灣當代水墨畫的邊緣位置〉，收在賴香伶編，《在傳統邊緣：拓展當代水墨藝術的視界》（臺北：帝門藝術教育基金會，1998），13。

73 Edward W. Said, *Orientalism* (New York: Vintage Books, 1979), 1-13.

74 Edward W. Said, *Culture and Imperialism* (New York: Vintage Books, 1993), 7-9.

75 綜觀大都會博物館水墨展覽中 35 位中國藝術家的作品，佔極大比重的是西方當代藝術形式或多媒材跨領域的創作，見 Maxwell Hearn, *Ink Art: Past As Present in Contemporary China* (New York: Metropolitan Museum, 2014).

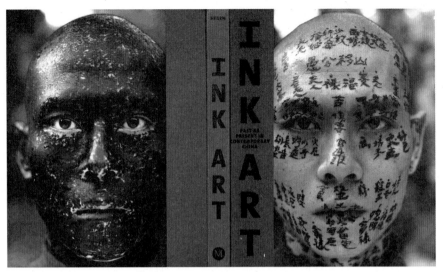

紐約大都會博物館水墨大展的圖錄封面與封底展示中國大陸藝術家張洹的行為藝術作品《家譜》

機構的這種強勢運作，確立以其文化霸權為主導的當代水墨藝術「遊戲規則」，其實乃貫徹帝國主義的思維邏輯繼續行使文化殖民的暴行，背後所隱藏的無疑是美歐在中國勢力崛起的挑戰下意圖延續其支配全球的霸業。[76]

西方帝國主義文化霸權在當前全球化的時代，早已換上一套冠冕堂皇的科學外衣，以客觀化的邏輯思維與系統化的研究方法建構其理論體系，有效地隱藏了其中叫人深惡痛絕的殖民思想，而且搖身一變成為一種人類的共通知識及普世價值。不少水墨藝術創作者與研究者正是不幸掉進此一思想陷阱，心悅誠服地把美歐文藝理論視如真理般的典律；在他們那些服膺於所謂「國際」、「當代」標準規範的創作及論述中，當代水墨藝術實已淪為西方殖民文化的餘波附庸。由於紐

---

76 美國博物館的專業屬性極為明確，如紐約有古根漢博物館（Solomo R. Guggenheim Museum）與現代藝術博物館（Museum of Modern Art）專事於現當代藝術，大都會博物館則為世界級綜合性博物館，館方打破慣例主辦大型當代藝術展，並依據瑞士前駐華大使希克（Uli Sigg）的收藏品為主體，其中似有極不尋常的動機與目的。

約大都會博物館水墨大展的錨定效應（anchoring effect），近年來中港臺等華人地區的當代水墨展覽，也莫不依循其訂定的「遊戲規則」來進行操作，而在水墨領域也有大批創作者以該展塑造出來的樣板藝術家為榜樣爭相效尤。[77] 因此筆者本著後殖民主義的批評精神，堅定不移地採取「水墨之當代藝術」的文化立場與策略，確切以水墨作為文化主體來思考其當代性的藝術意義，以期擺脫西方帝國主義中心論所深植人心的進步優越觀念。[78]

三　理論迷思

臺灣藝評家高千惠針對當代水墨藝術的文化身分議題，也曾嘗試從水墨傳統的文化歷史脈絡來發掘其中的當代性意義：

> 面對以「當代性」為表，「歷史性」為骨，所支撐出「區域式當代藝術」和「當代藝術本土觀點」，此文化脈絡立場的重建，已然近乎一種普遍性的後殖民文化論述，有排他性，也有重建新的中心論，或延續文化脈絡等強調。[79]

77　譬如 2018 年香港 M+ 美術館（其藏品以希克捐贈的 1450 件當代中國藝術家作品為主體）舉辦「似重若輕」當代水墨展，可說是大都會博物館展覽的翻版。該展包括中港臺及亞美歐 10 餘國共 42 位藝術家，約有 60 件繪畫、書法、裝置、攝影、流動影像及音樂舞蹈等作品，展覽規劃完全效法大都會的策展理念。相關的展覽介紹，參見高千惠，《出界：水墨空間的人間詩學》（臺北：典藏藝術家庭，2020），214-16。

78　有關臺灣的殖民地經歷所造成社會上崇洋媚外的風氣，參見陳芳明，〈殖民地與崇洋媚外的根源——帝國中心論的觀察〉，《我的家園閱讀：當代臺灣人文精神》（臺北：麥田出版，2017），80-102。

79　高千惠，〈傳統 vs 當代：當代水墨藝術的文化視域和論述角度〉，《當代亞洲藝術專題研究》（臺北：典藏藝術家庭，2013），293。

高千惠同時以敏銳的藝術觸覺，將紛紜雜沓的當代水墨創作以及相關論述，進行現象的分析與歸納，提出不同的文化藝術類型。[80] 她也基於臺灣特殊的人文歷史背景，參照中國漢代「淮南鴻烈」思想，把中原與臺灣水墨的不同特性界定為「淮南思維形而上」及「淮南思維形而下」兩種類型。[81] 雖然高千惠的分類方法，有助於疏理當代水墨藝術的混亂狀態，然而她的論述並未能就創作上的優劣真偽，揭示任何具學理性的因應與解決之道，更枉論提供一套完整理論以作為客觀判斷的標準或依據。

誠然當代水墨藝術所面對的理論難題，也同樣出現在美歐現當代藝術發展的歷史進程中。當西方的藝術家顛覆其傳統價值規範後，他們也曾帶給世人疑惑及不解，但通過評論家或文化論者的不懈努力，把紛綸的藝術創作以及相關現象進行學理分析與建構，再經歷時間的裁革汰除，真正優秀的作品終被歷史保留下來，賦予它應有的價值及意義。當代水墨藝術一直處於學理難產的發展階段，無怪乎大陸策展人高名潞坦承「中國當代水墨的危機是缺乏方法論」，因此他於 2004 年策劃「深圳水墨雙年展」時說：

鑒於目前當代水墨的整體「沒辦法」的困惑狀況……我不打算展示某一「成熟」了的水墨流派或風格，也不想將它作為一種對過去十年或者二十年的水墨成果的檢驗。相反，只是將它作為一種

80　高千惠將當代水墨藝術創作分為主觀浪漫的「淮南思維」型與客觀現實的「王充思想」型，也把相關論述區分為「文化復興論」、「媒界保存論」、「跨域折衷論」及「存在主義論」四類型。見同上註，294-312。

81　高千惠，〈水墨 vs 本土：臺灣藝術論述的水土之爭〉，《當代亞洲藝術專題研究》，315-27。

開放空間，讓關於水墨觀念的不同聲音聚合在一起。它是一個「大雜燴」。[82]

這種犬儒態度其實無助於當代水墨藝術的正向發展，反而助長了所謂「大雜燴」式的創作及展示，最後不管是好的壞的、真的假的都在現實妥協中一併常態化及合理化。

細看近代以來西方美術史的發展，當可察覺每每在關鍵時刻，總有代不世出的評論家能隻手翻天改寫歷史，像英國維多利亞時代就出現過像羅斯金（John Ruskin）這樣的人物。上世紀中葉的美國紐約，藝壇上也有格林伯格（Clement Greenberg）橫空出世，其藝評論點變成了西方現代主義的金科玉律，也將波洛克（Jackson Pollock）、德庫寧（Willem de Kooning）等捧為巨星；他因此被視為抽象表現主義（abstract expressionism）的代言人，甚至是紐約取代巴黎晉升世界藝術首府的關鍵者。[83] 反觀當前整個大中華藝術圈，卻無法出現如格林伯格般學養蓋世的評論家，能持守學術道德的高度而把政治金錢的利益或人情世故

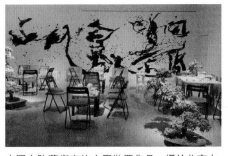

中國大陸藝術家的水墨裝置作品，攝於北京山水美術館 2016 年「山水社會：測繪未來」展覽

82 高名潞，〈中國當代水墨的危機是缺乏方法論〉，《另類方法另類現代：中國當代藝術中的本土文化因素及其現代性轉化》（上海：上海書畫，2006），43。

83 有關格林伯格對美國以至西方美術史的重大貢獻與影響，參見 Serge Guilbaut, *How New York Stole the Idea of Modern Art: Abstract Expressionism, Freedom, and the Cold War*, trans. Arthur Goldhammer (Chicago: The University of Chicago Press, 1983), 168-88.

置諸度外，提出具有社會公信力並可以向歷史負責任的論述。[84] 雖然
藝術評論不可能完全客觀超然，但西方數百年來堅守的學術倫理堡
壘，仍有效地確保相關論述不致流為功利化及世故化的文字工具。由
於文藝評論並不像自然科學領域的理論那般，可以通過實驗做客觀的
檢核驗證，因此評論者心中的那一把學術道德良知的戒尺就顯得格外
重要。然而環顧當前大中華藝術圈或臺灣水墨藝壇，仍然充斥著以政
金利益與人情利害為主導的論述，真正具有知識分子道德勇氣及獨立
批判精神的評論似乎仍遙不可及。

四　若烹小鮮

　　老子《道德經》有「治大國，若烹小鮮」的說法，以生動的比喻
探討古人治國之道。[85] 面對混亂複雜的當代水墨創作，在論述不清、
學理不彰的狀況下，筆者貿然穿鑿附會，提出所謂「治水墨，若烹小
鮮」的看法。當代水墨藝術最大的爭議之處，乃是在其邁向多媒材跨
領域的發展過程中，原有的傳統標準與規範頓成明日黃花，因此造成
優劣真偽難以品評判斷的困窘。如前所述，筆者一再強調「水墨之當
代藝術」的文化立場與策略，因此堅持以「水墨」作為思考主體以及
批評論斷的重點。傳統文人水墨一直推崇「自然」的美學價值，然而
到了 21 世紀的當下，如何因應時代的轉變而準確地把握「水墨」的當

84　臺灣藝評家倪再沁曾直言：「臺灣是個講人情的社會，要批評只能做整體廣泛的批評，不能針對個
　　人，尤以美術界的批評往往牽涉到『市場價值』，在不擋人財路的原則下常是動輒得咎，我們的美
　　術家只需要捧場文章而不歡迎批評。」倪再沁，〈藝評為為：期待美術評論的藍波〉，收在葉玉靜編，
　　《臺灣美術中的臺灣意識：前九〇年代「臺灣美術」論戰選集》（臺北：雄獅美術，1994），97。
85　陳鼓應註釋，《老子今註今譯及評介》，三次修訂版（臺北：臺灣商務印書館，2000），267-69。

代文化特質，成為了不可迴避的當務之急。[86] 若要對繁蕪的當代水墨創作進行判斷，無疑將牽涉到工具技巧，媒材形式、展示手法，以至於更為深層的文化歷史、審美哲學等錯綜糾纏的諸多要素。

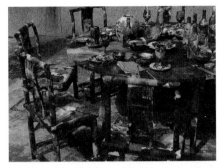

王天德　《水墨菜單》　1996-98　宣紙、墨、毛筆、民國椅、民國詩集　200×155×250cm

　　假如簡化一點來看，賞析品評紛紛籍籍的當代水墨藝術，其實就像品嚐一道中國菜式，能嚐出它是優質與道地的「中國」口味，或許只是憑著一種感覺，而無法通過理性科學的分析或語言文字的表述。誠然要準確判斷真正好的對的「中國」味道，還是必須具備正確的中國飲食文化知識、訓練及修養，甚至需要長時間耳濡目染的傳統文化薰陶。這跟品酒有異曲同工之處，箇中的學問其實極為奧妙精深。面對多元創新的當代水墨創作，往往猶如人在此山霧裡賞花，很難說清楚講明白其中「水墨口味」的好壞真假。不過正如品味食物一般，要對當代水墨藝術進行評斷，除了稟賦的敏銳感與識別力外，還要長期的陶冶薰染以及大量的觀察研究，加上求好求真的嚴謹態度，如此方能掌握水墨明辨之道。

　　今日要烹調一道中國菜式，經常會使用非原生的食材佐料（包括外來輸入、品種改良或基因改造等）、非傳統的烹煮器材或外國式的餐具擺設等，其實這些改變統統不成問題，反而可以增添多元及當代

86　傳統文人水墨以自然為上的美學觀點，肇始於王維「夫畫道之中，水墨為上：肇自然之性，成造化之功。」王維，《畫學秘訣》，4。

風味。至於關鍵所在之處,乃是烹飪者如何憑藉中國飲食文化的觀念與手法,整合性地通盤考慮食材的選擇搭配、以及處理調味、煮法及火候諸要素,從而賦予菜式優質與道地的「中國」味道。由是觀乎當代水墨藝術,影響其「水墨口味」的優劣真偽,絕非取決於創作的工具材料與操作技巧,或是作品的主題內容及展示手法;事實上至關重要的,應是創作者能否通過中華文化傳統的沉浸涵泳,據此而將各種不同的藝術要素融會貫通,最終得以在心手合一的創作過程中完成真正具有「水墨」特質的優秀作品。

中華民族源遠流長而引以為傲的飲食文化,在大中華地區主要城市裡的中國菜餐廳,現在卻普遍仰賴西方人訂定的所謂《米其林指南》(Le Guide Michelin)來作等級區分。[87]中國菜式的龐雜以及飲食傳統的博大,又豈是那些作為米其林主要評審的西方美食家所能窺其堂奧。然而此一不合常理的現象卻已司空見慣,就如同紐約大都會博物館主辦的水墨藝術大展,完全是根據西方人的標準與口味而規劃施行,當然呈現出來的是所謂「美式中菜」那樣的水墨創作。不過大都會博物館擁有學術界的崇高地位,故該展覽已經銘刻一頁無法磨滅的歷史紀錄,為當代水墨創作及研究定下了標準規範,產生極為深遠而難以扭轉的影響。即便後續於大中華地區舉辦的水墨專題展覽,也無不依循同樣的「遊戲規則」來進行操作,以求跟「國際」及「當代」接軌,且與「權威」並駕齊驅。在這種帝國主義霸權的文化殖民作用下,自

---

87 《米其林指南》乃是法國輪胎製造商米其林公司所出版的美食及旅遊指南書籍,其中針對餐廳三等別的星級制度,成為世界餐飲業的評鑑權威。見洛特曼,《米其林人:駕馭帝國》,李瀟驍、周堯譯(北京:中國友誼出版公司,2015),212-23。

身民族文化的發言權似乎已拱手讓與美
歐洋人，致使「水墨」的文化身分從此
陷入嚴重失落的困境。[88]

2015 年美國有一部名為《尋找左宗
棠》（The Search for General Tso）的紀錄
影片公開放映並發行影碟，片中針對近
數十年在北美廣受歡迎的中國菜式「左
宗棠雞」（General Tso's Chicken），追蹤
調查其發源地及創造者。[89] 其中最引人

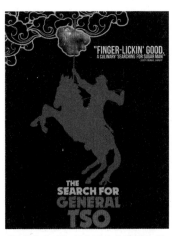

《尋找左宗棠》紀錄影片的電影海報

思索的地方在於，此美食原為湘菜名廚彭長貴半個多世紀前在臺灣創
製，然而如今風行於北美的則是完全美國化偏甜少辣的口味，跟臺北
彭氏家族主持的餐廳提供的原味菜式大相徑庭。[90] 目前當代水墨藝術
的熱潮在西方世界仍方興未艾，這股風尚未來持續發展下去，最終可
能淪為「左宗棠水墨」那樣變調走味的乖謬結局。

上世紀的 50 年代彭長貴在臺灣發明新式湘菜「左宗棠雞」，其後
此一菜餚竟能風靡北美各地，成為眾所周知的中國美食；當時臺灣藝
壇也有劉國松顯露頭角，他所開展的「現代水墨」創作，60 年代後也

---

88 「遊戲規則」的設計與訂定至關重要，影響到後續參與者進行過程的優劣勢以及終局成敗的公平性。
無怪乎日本、南韓和中國在其擔任主辦國的奧運會中，分別嘗試把各國專長的柔道、跆拳道及武術
加設為競賽項目，就是要掌握設定比賽規則的主導權。

89 Ian Cheney, dir., *The Search for General Tso* (2014; New York: Sundance Selects, 2015), DVD.

90 彭長貴於 1952 年創製烹調雞餚的新式湘菜，特以其湖南家鄉的晚清名將左宗棠命名之。此菜式「左
宗棠雞」被美國的中菜餐廳模仿後在北美大受歡迎，彭長貴見此曾赴美開設菜館意圖爭回其發明權
利益，但最後仍不敵美國化的改良版本而鎩羽返臺。其後彭長貴在臺開設並主持的「彭園湘菜餐廳」
雖一直提供此道菜式，但在臺灣的知名度與受歡迎度反而不高。

同樣在美國大受歡迎。[91] 由於二戰後中國大陸長時期的封閉落後，臺灣以及香港等海外地區的水墨藝術家，一直到 80 年代末仍是引領水墨革新潮流的主導力量。時至今日的臺灣水墨發展，其實早已建立有別於中國大陸的地方性風格特點。正如臺灣地區的飲食文化，形成「臺菜料理」的地方菜系，除了跟中國南方的閩南菜、福州菜、潮州菜、客家菜及廣府菜有著深厚淵源外，同時包容了日本以至美歐、東南亞等國料理，從而呈現出多元渾融的風味。這無疑反映了臺灣「混雜性」的文化特質，本地當代水墨創作也存在著同樣的雜糅現象，各種異質元素在水墨傳統的大熔爐中，經過不斷的錘煉而熔鑄成新的藝術形態。

不過筆者在審視臺灣當代水墨藝術的現況時，仍謹記後殖民主義論者巴巴的警告。他指出第三世界國家「混雜性」的文化身分，假如無法質疑支配性論述的等級制度與權威地位，那就只有繼續扮演帝國主義中心神話下「他者性」的次等文化角色。[92] 近年出現於美國的所謂「融合料理」（fusion cuisine），標榜不同國家地域飲食文化特色的結合，在全球化的時代浪潮中應運而起，成為當時得令的飲食風尚。然而「融合料理」表面上兼容並蓄的多元風味，歸根究底還是以美歐洋人口味為本位出發，「他者」地區的飲食文化其實並非得到平等的對待與尊重，其中隱藏著西方強權主導下的商業策略及行銷手段，依然是帝國主義殖民文化的一種變奏。

---

91 劉國松於 1966 年得到洛克菲勒三世基金會（The JDR 3rd Fund）的獎助赴美遊學，在美國期間仍不停創作以應付各地美術館與畫廊的展覽需求；他又跟紐約知名的諾得勒斯畫廊（Lee Nordness Galleries）簽約成為代理畫家，而在該畫廊的個展更得到《紐約時報》重要藝評家甘乃德（John Canaday）撰文稱頌。見林木，《劉國松的中國現代畫之路》（成都：四川美術出版社，2007），158-80。

92 Bhabha, *Location of Culture*, 112-14.

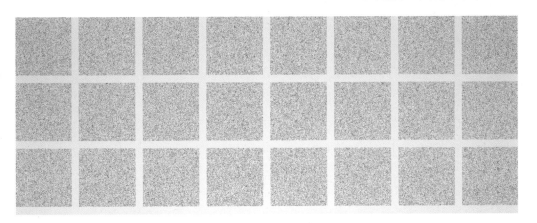

肆、革新水墨的媒材與技法

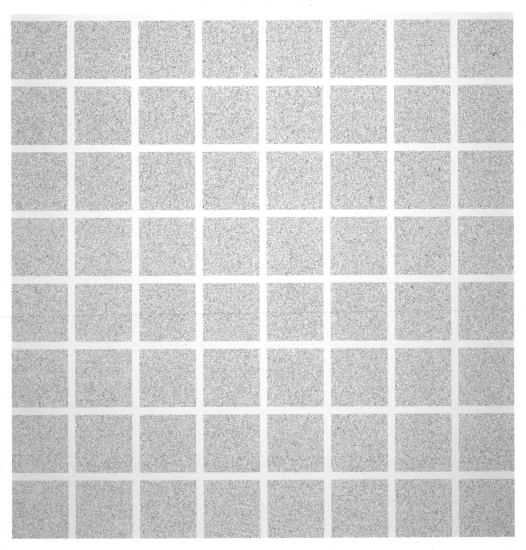

一 軟木拓印

　　面對當代藝術多媒材跨領域的國際發展趨勢，筆者的創作並未因此隨風起舞，而是以後殖民主義的思想立場，堅持水墨藝術自主性的文化身分定位。在媒材的選擇與運用上，筆者保留了中國傳統繪畫的紙與墨，同時加入一些新的工具材料，如以軟木印具置換毛筆，或以西方的水彩及壓克力取代國畫顏料。近代以來的水墨創作對傳統媒材的繼承，其實涉及到文化身分認同的問題。回溯 20 世紀初的中國，由於受到西方工業文明的強烈衝擊，加上美歐帝國主義的強權壓迫，整個民族國家經歷了嚴重的文化認同危機。不少知識分子就是抱著「尊西人若帝天，視西籍如神聖」的心態，意圖從西方的價值體系找尋中國的現代認同。[93]中國藝術家也是在這種自我文化身分失落的情況下，乞靈於美歐現代藝術以求個人創作的定位，因此他們競相以西方繪畫的媒材技巧來進行創作。不過像林風眠、朱屺瞻、李可染等前輩大師，雖在學院都是接受西洋畫的訓練，其後卻不約而同地放棄了油畫而轉用水墨的媒材，從而克服了文化身分認同

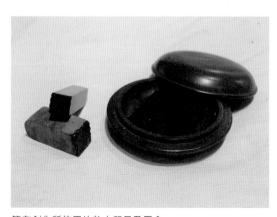

筆者創作所使用的軟木印具及墨盒

93　有關 20 世紀中國知識分子的文化認同危機，參見余英時，《歷史人物與文化危機》（臺北：東大圖書，1995），1-32，187-196，209-216。

的心理障礙，結果成功創造出具有現代意義的中國繪畫風格。

由於受到劉國松「革筆的命」等創新觀念的啟發，筆者於偶然的情況下發現紅酒瓶的軟木塞，蘸上墨汁後可以壓印出極為豐富多變的肌理效果，於是參考了傳統印章及拓本藝術，發展出「鈐印法」與「拓碑法」以及相對應的方格結構。筆者的創作主要以攝影圖檔為畫面圖像的參考資料，通過軟木印具在紙上的重複壓印，呈現出縝密寫實的視覺效果。此一富於理性的嚴謹創作方式，跟傳統國畫所講求的筆墨觀念迥然相異；同時在操作過程中一絲不苟的絕對控制，也有別於一般新派水墨藝術家所採用的隨機性技巧，其實隱含著一種對機械複製時代量產化文明的反諷。

印章是中國傳統繪畫的一個重要成分，構成所謂「詩書畫印」的獨特體系。筆者自印學印藝得到創作靈感，選用機械生產的合成軟木片，將之切割成小方塊形狀後，黏貼於木質印材上而製作成繪圖工具。筆者通過這種軟木印具反覆蘸墨壓印的「鈐印法」，取代傳統繪畫運筆用墨的技巧，在操作上跟蓋印的方式雷同，只是以軟木代印以墨為泥。由於筆者作品具有網狀方格的圖式結構，格內常用文字或圖案來組織成畫面的背景，如果要配上規律重複的字與圖時，則會在軟木印具上像印章般進行反向文字圖案的鐫刻，然後壓印時便會如蓋章般呈現出字或圖的印跡。至於個人創作所使用的墨，則是工業製造生產的瓶裝墨汁，為達拓印時更佳的效果，墨會倒入鋪上棉布的墨盒中，如同鈐蓋印章般以軟木工具把墨轉印到紙上。而在創作用紙方面，筆者因拓印技法的需要，故選擇具吸水性而較厚或韌性較強的紙材。如中國安徽涇縣生產的夾宣，日本造的白樺紙或臺灣的機械棉紙，即便施

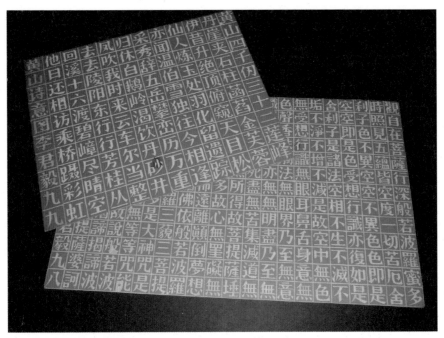

刻上長篇詩文或經文的厚紙板

行「鈐印法」用力壓印也不致皺摺破損。

　　筆者開創軟木拓印的技法，除了得益於印學印藝外，同時也深受傳統拓本藝術的影響。當創作的畫面背景並非重覆的字或圖，而是如碑銘般長篇幅的文字時，筆者會先將長文陰刻在厚紙板上，然後用類似拓碑的方式於刻板覆以畫紙，再用軟木印具反覆蘸墨進行拓印。像新一系列「心印臺灣」使用《心經》文字為畫面背景，就需用此一方式進行以增加工作效率，避免在印具上逐一刻字的耗時工序。不過這種「拓碑法」不像傳統的拓本只著眼於文字的轉搨，做到墨色黑實均勻以便清楚顯示留白的文字即可，而是必須依據畫面圖像的明暗深淺，細心謹慎地控制軟木印具上墨的乾濕濃淡以及壓印的力度與方

向，從而表現出黑灰不同層次的
墨色變化。所以筆者仍需耗用大
量的創作時間，如此作品才能在
顯露文字痕跡的基礎上，完成畫
面具體圖像的精確呈現。

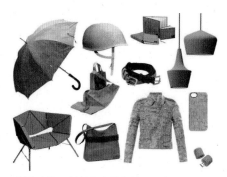

以軟木為原材料生產的各種不同商品

　　作為一種價廉的天然環保物
料，軟木的用途相當廣泛，特別
是在葡萄牙與西班牙等盛產國家，運用的範圍從日常用品、傢俱建築、
醫療運動器材，到高端科技如太空船隔熱設備等，可說五花八門不一
而足。[94] 中國也有所謂「軟木畫」的製作，乃 20 世紀初受到德國軟木
藝品的啟發，而在福建等地發展出來的一種工藝產物。對於筆者的創
作而言，軟木這種材質的軟硬度與吸水性，乃介乎毛筆及印章之間；
它不像金石那類印材不易吸水，而是能讓墨汁滲入鬆軟的木質中，故
鈐蓋時可藉反覆施為以產生濃淡深淺的墨色層次。筆者以類似僧侶苦
行修煉般，運用軟木印具規律重複地層層疊印，並且不斷改變施壓的
力度與方向，還要謹慎控制墨的濃度及濕度，從而經營出各種不同的
寫實圖像。如此以印具將墨層疊壓印的操作過程，近似於素描的作畫
方式與視覺效果，同時軟木鈐印產生猶如版畫壓印出來的質感風格，
在在賦予個人水墨創作另一種多媒材跨領域的意味。

94　軟木乃取自栓皮櫟樹（學名為 *Quercus suber*）的樹皮，有關軟木從傳統到當代在生產與應用上的各
　　個層面，見 Amorim ed. *The Art of Cork* (Porto: Corticeira Amorim, 2014).

二 點彩滲色

多年來筆者的作品皆以純粹的黑白水墨為主，但偶因創作特定題材的需要，如四季山水的表現，也會添加色彩以點題並強化畫面的視覺效果。若是需要處理顏色的話，則會

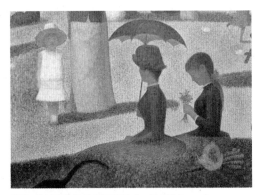

秀拉《大碗島的星期天下午》（局部）

在拓印的黑灰墨色調子完成後，再進行上彩敷色的程序。而筆者的設色方法也有別於傳統國畫的染色，乃是利用西洋水彩的圓頭畫筆，以類似法國後印象主義（post-impressionism）畫家秀拉（Georges Seurat）所開創的「點彩法」（pointillism）來進行操作，同時在畫紙的正反兩面點加水彩或壓克力顏料。秀拉運用理性的科學方法，以光學理論分解對象物的色彩結構，再以不同的顏色小點重構圖像，譬如在其代表作《大碗島的星期天下午》（Un dimanche après-midi à l'Île de la Grande Jatte）裡，分散而柔化的色點效果使畫面達到一種時間凝結的靜謐狀態。[95]

秀拉這種「點彩法」的創作方式，不管是理性嚴謹的事先規劃與作畫過程，還是刻苦耗時而單調重複的技法操作，都跟個人的「鈐印法」與「拓碑法」若出一轍。同時筆者採用的上色方法所形成的細碎散點，也可以跟軟木拓印的顆粒狀肌理相互搭配，使畫作達到一種視覺上的協調性。由於中國所謂的「生紙」紙材具有吸水特性，可以讓

---

95 有關秀拉「點彩法」創作方式與藝術效果的分析，參見 Pierre Courthion, *Seurat*, trans. Norbert Guterman (New York: Harry N. Abrams, 1988), 19-39.

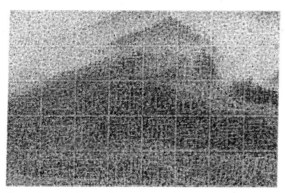

《春暖花開待何時》細部所呈現的點彩效果

水性顏料產生滲透暈散的效果，因此筆者開創出「滲色法」，從畫紙的背面加上密密麻麻的大小色點，使之滲出紙的表面而有更豐富的色彩厚度及層次感，藉此彌補中國傳統紙材較之西方繪畫媒材單薄的弱點。此外筆者也慣長使用對比色從畫紙正反兩面點加水性顏料，假如畫面需要呈現綠色為主調，就會先從紙的背面鋪加對比的紅橙小點，再於正面點上綠色使兩種對比色相互正反交錯，產生一種「同時對比」（simultaneous contrast）的視覺混色效應，而使觀者注視時在顏色交接處出現閃動的感覺。[96]

三　攝影粉本

　　筆者藝術創作的操作方式，慣長借助各種攝影照片的電子圖檔為原始影像來源，利用電腦修圖軟體 photoshop 作後製的圖像剪貼修飾，把不同圖片中最為精彩的部分進行切割，再重組合成一個結構完整度更高而整體藝術性更強的畫面，然後據此圖檔列印輸出作為接續創作的參考粉本。根據美術史學者石守謙的研究分析，早在 20 世紀初的中

96　法國化學家謝弗勒（Michel Eugène Chevreul）所著〈色彩同時對比的定律〉（The Law of the Simultaneous Contrast of Colors）一文，對後印象主義畫家的用色觀念與方法產生重大影響。見張心龍，《印象派之旅》（臺北：雄獅圖書，1999），85-89。

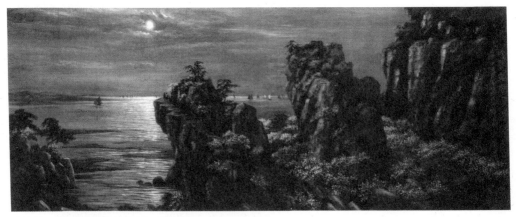

陶冷月　《冷香月夜》　1924　設色絹本　41×101.5cm
（摘自石守謙，《山鳴谷應：中國山水畫和觀眾的歷史》）

國畫壇，即有蔡守、陶冷月、林紓等畫家開風氣之先，運用攝影圖片
的影像資料作為其山水創作的粉本，完成具有景框與光影效果且富真
實感的新穎作品，為當時的國畫發展另闢蹊徑。[97]

　　筆者一方面遠承陶冷月等先輩畫家的革新嘗試，同時也蒙受西方
照像寫實主義（photorealism）藝術家如克羅斯（Chuck Close）、韓湘寧
的啟發，意圖借助攝影照片與電腦修圖的手法，以臺灣特定景點自然
風貌的合成圖片為粉本，強調一種帶有當代性及本土在地性意義的藝
術創作。上世紀中期以後臺灣水墨的發展，長期受到寫生觀念的影響，
講求實景描繪的創作手法，造就了 70 年代「鄉土寫實」風格的興起。[98]
當時臺灣藝壇對這種寫生畫法的重視，誠然有助於本土主體意識的建
構，然而很多創作者似乎只求滿足於表面技法上的寫實能力，往往
忽略了對深層內在文化意義的追求，更無法回應當時世界性的藝術潮
流，因此反而造成創作觀念的限制及表現手法的拘束。

97　石守謙，《山鳴谷應：中國山水畫和觀眾的歷史》（臺北：石頭出版社，2017），350-59。
98　關於上世紀 40 至 80 年代臺灣水墨畫在寫生創作上的發展，見楊宗坤，《國畫寫生之研究》，86-141。

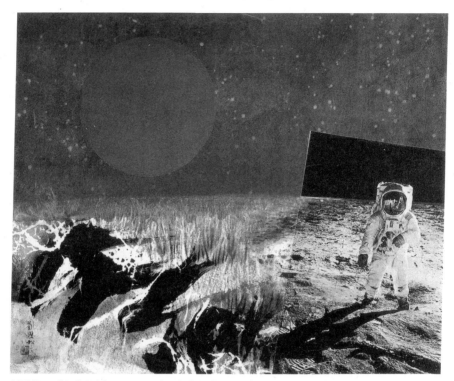

劉國松　《月球漫步》　1969　水墨設色紙本　59×85cm

　　隨著科技的進步與時代的變遷，當代資訊媒體所傳遞的視覺影像，其豐富多采及流轉多變大大超乎前人所能想像；同時遠至外太空的黑洞，小至化學元素的原子，把人類的視覺經驗帶向未可預知的境界。如此這般日新其新的影像資訊發展，無疑帶給藝術創作者極大的挑戰以及可能性。當年劉國松面對人類的登月創舉，也是通過電視與報刊等傳播媒體，得到遠自太空遙望地球的影像資料，所以無需乘坐太空飛船去身歷其境，就能通過創意發想而完成浩瀚壯偉的「太空畫」系列作品。由是筆者並不拘泥於傳統的寫生觀念，譬如新一系列「心印臺灣」的創作，皆是在親身體驗本地的自然風景後，利用自己拍攝記錄下來的照片資料，或是攝影畫冊書籍中的圖片，甚至攝影網站如

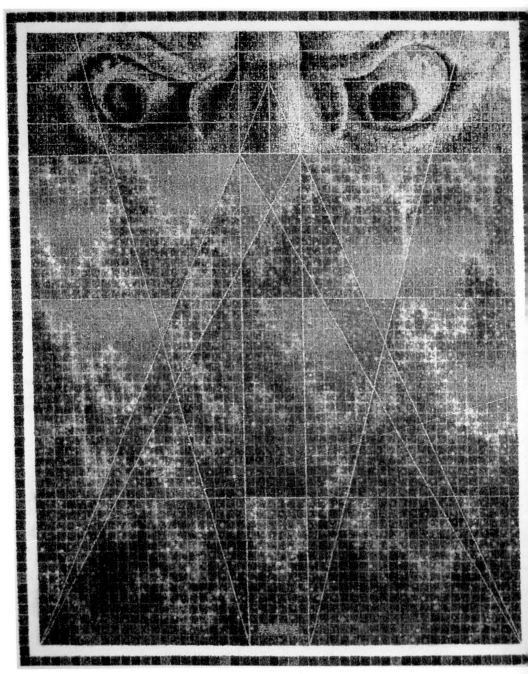

李君毅　《目空四際》　1996　水墨設色紙本　63×52cm

GettyImages，Flickr，Pinterest 等付費或免費下載圖檔，再以電腦軟體修整而成為創作的參考粉本。

四 集錦圖像

當代水墨藝術正邁向多媒材跨領域的發展趨勢，對於如何吸收轉化龐雜的影像資訊，成為了創作者因應時代轉變的一大挑戰。在「心印臺灣」新一系列的創作中，筆者從各種途徑收集本地特定自然景點的影像圖檔，選取其中適合入畫的相關圖像，利用 photoshop 電腦軟體剪貼修飾並重組合成完整的畫面構圖，再以列印輸出為粉本進行後續的作品拓印操作。這種影像重新裁切組構的手法，早可見於 20 世紀初西方現代藝術常用的「拼貼」（collage）技巧，如布拉克（Georges Braque）和畢卡索（Pablo Picasso）擅長的「紙拼貼」（papier collé），藉此打破畫面上造形與空間的合理性。[99]筆者早年的創作也常把不同的影像作類似的拼貼錯置處理，如以特寫的佛像面容與遠觀的山水圖像穿插交錯，產生衝突對比的視覺效果，以暗示創作者對現世人生的困惑憂慮。

有別於早期作品所呈現畫面圖像混雜衝突的荒謬趣味性，筆者近年來的水墨創作，特別是當前的「心印臺灣」系列，雖然進一步發展影像拼貼重組的手法，但所要追求的卻是一種靜謐和諧的山水意境，藉以達到撫慰人心的藝術作用。運用影像拼貼重組以符合整體構圖美

---

[99] 「拼貼」的創作手法及其衍生的藝術觀念，對 20 世紀西方藝術的發展有重大影響，譬如後現代主義藝術與當代多媒體影像創作中，仍常見「蒙太奇」（montage）式圖像重置的處理手法。相關的研究分析，參見 Brandon Taylor, *Collage: The Making of Modern Art* (London: Thames & Hudson, 2006), 207-12.

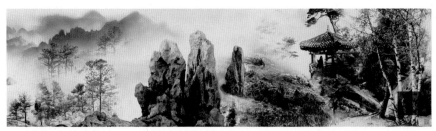

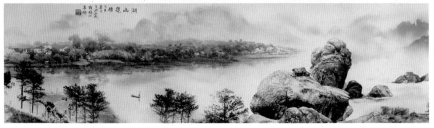

郎靜山　《湖山攬勝》　1994　銀鹽相紙　26×191cm

感需求的創作手法，其實在上世紀 30 年代的中國藝壇，已有郎靜山作
出相關的藝術實踐。郎靜山為人稱道的所謂「集錦攝影」，受到了西
方「合成攝影」（composite photography）與剪貼照片的影響，從而開創
以塗紅或遮蔽的方法把複數底片合而為一，再用散光鏡頭或網版套印
的技術使重組的圖像渾然天成地接合起來，最後完成的作品應合了傳
統國畫的構圖理法而達到自然和諧的美學意境。他就曾說道：「作者
於放映時之意匠與手術經營之後，遂覺天衣無縫，其移花接木，旋乾
轉坤，恍然出乎自然，迴非剪貼拼湊者所可比擬也，此亦即吾國繪畫
之理法。」[100] 筆者對影像處理的方式也有異曲同工之處，都是把自然
景觀的攝影素材進行藝術上的加工轉化，通過不露痕跡的拼貼重組來
完成更為協調完整的畫面構成。

100　轉引自蕭永盛，《畫意‧集錦‧郎靜山》（臺北：雄獅圖書，2004），135。

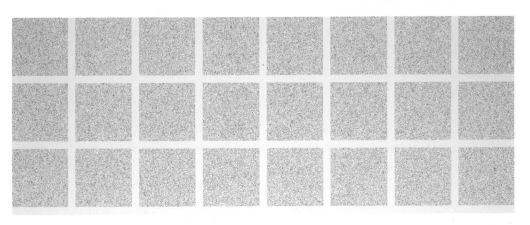

伍、個人創作的形式與內容

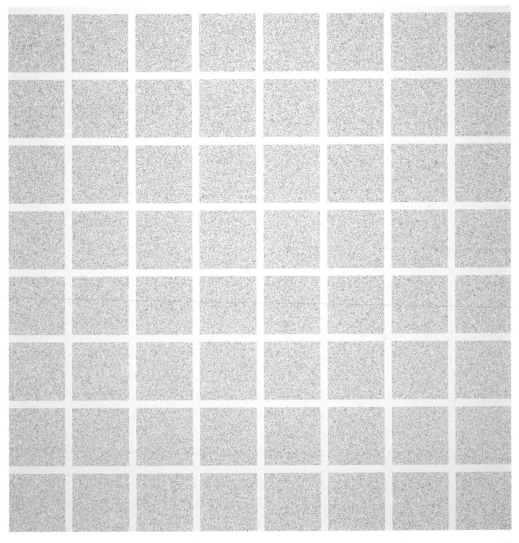

一 方格結構

筆者隨劉國松習畫多年，從早期於香港中文大學因他的鼓勵而從理工轉習藝術，爾後到臺中東海大學美術研究所深造水墨創作，一直蒙受其繪畫思想的薰陶。劉國松除倡導「革筆的命」外，更總結數十年的教學心得而提出「先求異，再求好」、「為藝如摩天大樓」等理念，要求學生先要創造個人與別不同的形式風格，再不停鍛練技法並充實內涵，達到「專、精、深」的境界，從而如摩天大樓般在藝壇出人頭地。[101] 因此筆者的創作從未拘囿於前人的繪畫方式與作風，而是以軟木拓印發展出一套屬於個人的新技法，藉此完成作品中規律化的方格形式與風格。

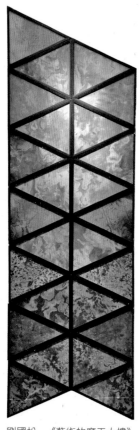

劉國松　《藝術的摩天大樓》
1999　水墨設色裱貼紙本
310×100cm

相較於傳統筆墨書寫性的繪畫方式，筆者利用軟木拓印的創作則偏重製作性與設計感。這種形式風格的呈現，無疑受到了西方普普藝術（pop art）的啟迪，特別是沃荷（Andy Warhol）作品的影響。沃荷的畫作慣常以整齊排列而重覆並置的影像處理手法，表現消費社會通俗流行的商品及人物。他的重覆性圖像所代表的普普風格，除了顯示其專長獨到的平面設計意念

101　有關劉國松的美術教育思想，參見〈談水墨畫的創作與教學〉，《美育月刊》76（1996 年 9 月）：19-26；〈我對美術教育改革問題的思考與實踐〉，收在潘耀昌編，《20 世紀中國美術教育》（上海：上海書畫出版社，1999），458-63。

外，更深刻地反映了現代工業
文明的機械複製時代，在消費
主義下物質生活標準化與量產
化的單調乏味。筆者對軟木印
具機械性的操作方法，煞費心
力地刻意經營出規整重覆的方
格結構，也是企圖表達同樣的
諷刺意識及批判精神。

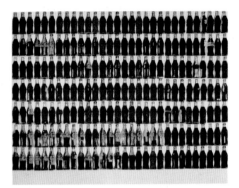

沃荷　《210瓶可樂》　1962　絹印壓克力畫布
208.3×266.7cm

　　同時筆者使用軟木工具壓印時，在每個獨立的方塊印痕之間，會
刻意留出細小的空白縫隙，從而形成整體畫面網狀的方格結構。這種
網格構成的繪畫形式，其實早為西方現當代藝術家普遍運用，譬如照
像寫實主義的美國肖像畫家克羅斯，便是其中的佼佼者。藝評家克勞
絲（Rosalind E. Krauss）就曾針對此一藝術創作形式，分析其中所隱含
的深刻內在意義：

　　　　格子的神話力量，在於它讓我們相信在我們接觸唯物主義（或科
　　　　學、或邏輯）的同時，它提供了一種信仰（或幻覺、或虛構）的
　　　　解放……格子在一種純粹是文化的物體的限定表面上瓦解了自然
　　　　的空間性。透過它對自然及言語的排斥，結果是愈加沉默。而在
　　　　這種新發現的靜默中，許多藝術家認為他們可以聽到的是藝術的
　　　　肇端與源頭。[102]

102　克勞絲，《前衛的原創性》，連德誠譯（臺北：遠流出版，1995），14-15，225。

格子所意味的一種對事物本質的探索觀照，在中國傳統中也有相通的哲學性意義。早在儒家經典《禮記》中，就有「致知在格物，物格而後知至」的說法，強調為學須窮究事理以推求新知，而宋代哲學家朱熹更把「格物致知」的概念發揚光大。[103] 清末的中國學術界稱西洋自然科學為「格物」或「格致」，可見「格」所具有理性分析的意涵。

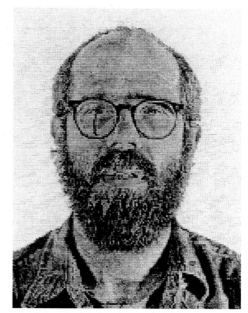

克羅斯　《自畫像》　1979　蠟筆素描
75×55.8cm

筆者採用方格結構的繪畫形式，乃源於個人理性思維的本性，故作品順理成章地藉此顯露出個性上的這種特質。至於筆者對方格形式的理解，也接受了中國傳統文化中有關「格」多重意義的啟示。除方格形狀或格物究理以外，它作為名詞也表示如規格格制、風格格調等意思，作為動詞則可意指阻格格礙、格正格非、格鬥格殺等，作為形容詞又能解釋為聖明的、吉祥的、正確的等等。正是「格」多義性的文化特點，讓筆者通過方格結構得以賦予作品更豐富多層的內涵意義。

103　有關朱熹「格物致知」論的思想內涵，參見樂愛國，《朱子格物致知論研究》（長沙：嶽麓書社，2010），128-81。

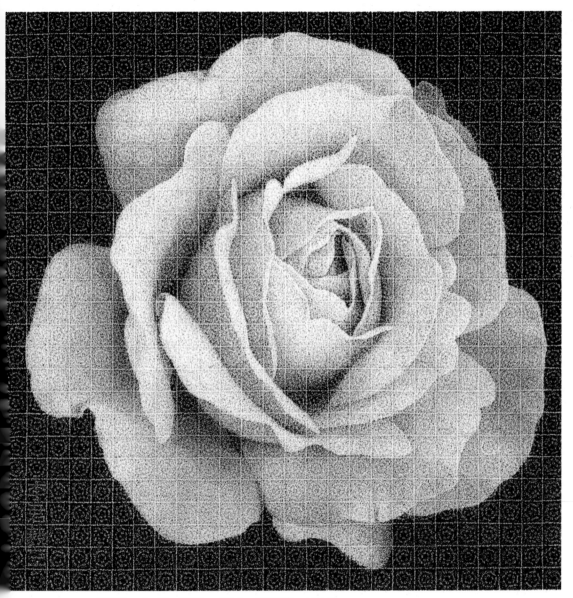

李君毅 《一花一世界》 2012 水墨紙本 66×66cm

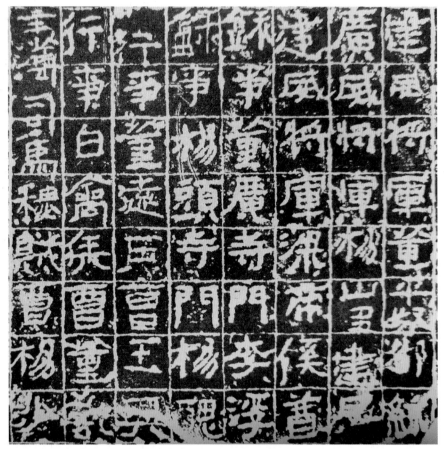

前秦《廣武將軍碑》拓本局部顯示的格線碑文及「石花」斑痕

二　碑狀圖式

　　筆者深受中國拓本藝術的影響，因此開創出「拓碑法」的創作

方式。拓本的歷史由來久遠，據載秦漢之時已有「刻石為碑，蠟墨為

字」，就是以紙覆於石上椎搨文字的做法。[104] 由於軟木表面帶有豐富

104　見呂榮芳，《中國傳統拓印技術》（香港：香港博物館，1986），8-18。

的肌理紋路，在蘸墨壓印的過程中可以做出如同碑石拓本的效果，特別是類似石材日久風化破損而在碑拓時顯現的「石花」斑痕；故筆者特意仿效漢魏碑碣的形制，尤其是上刻格線與文字者，藉以呈現一種規整莊嚴的方格結構。豎立碑石的做法古今中外皆有，而中國的碑碣文化特別深厚博大，除了習見的墓誌銘外，石上的刻文所昭示世人的訊息資料，包含人文藝術、歷史地理、天文科學、政治宗教等，猶如一本揭載數千年中華文明的石刻百科全書。[105]

　　臺灣現存有大量碑碣，包括明清以來分佈各地者不下數千，而且立碑樹碣、書刻銘記的風尚經久不衰，如為追悼「二二八事件」而廣立於島上各地的紀念碑。[106] 筆者深信這種碑碣形制帶有方格文字的圖式，兼具民族傳統與在地文化的特點，可以賦予個人創作豐厚的人文底蘊。「心印臺灣」的系列作品，由於採用佛教《心經》作為畫面背景，筆者遂把經文排列並陰刻於厚紙板上，然後以捶搨碑石的方式先把畫紙覆蓋刻板，再用軟木印具替代拓包來蘸墨進行模拓。傳統碑碣拓本有數種不同的

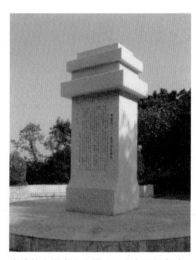

高雄鼓山區壽山公園二二八和平紀念碑
（屠國威設計，陳芳明撰文）

105　碑碣所涵攝包羅萬象的內容，參見金其楨，《中國碑文化》（重慶：重慶出版社，2002），817-1404。

106　根據田野調查研究，臺灣現存的碑碣，包括明清口據時期兩千多，近代以來四千多。相關的研究分析，參見曾國棟，《臺灣的碑碣》（新北：遠足文化，2003），38-203。

製作方法，筆者的軟木拓印技巧與效果，則是兼取「烏金拓」、「蟬翼拓」兩者的特點，在墨色表現上追求濃重及淡雅間豐富精微的層次變化。[107] 傳統拓本因著眼於文字圖像的轉拓，為求明確清晰的墨跡效果，故上墨時必須保持均勻一致。但筆者的創作則根據影像呈現的需要，以不同的力度與方向重複操作軟木印具，並且細心嚴謹地調控墨的濃淡乾濕，如此畫面才能在顯現文字背景的過程中，逐步拓印出墨調層次豐富的精確寫實圖像。

　　追溯筆者從早期至今的水墨創作，除了參酌西方現當代藝術常見的網格形式外，更重要的是呼應中國碑碣的形制，確立個人方格結構的碑狀圖式。一些西方美術史學者如李雪曼（Sherman E. Lee），在分析北宋李成、郭熙和范寬等人的立軸山水時，對於其畫中山巒主峰獨據中軸的處理方式，將之比喻為「巨碑式山水」（monumental landscape），以示作品莊嚴的穩重感及壯偉的震撼力。[108] 筆者藝術創作所獨有的碑狀圖式，雖然並非採用碩大如巨碑的山石圖像來仿傚北宋山水，但整體畫面嚴謹規律的方格結構，亦可產生莊嚴崇偉而令人肅然靜穆的視覺效果。此外歷代以來帶有方格文字的碑碣，無論是為數最多的墓誌，抑或其它形形色色的類型，可說積累了龐博沉重的歷史文化底蘊及價值。筆者作品所強調的碑狀圖式，乃是意圖沈浸涵泳於傳統浩瀚深遠的文化源流中，進行浮想連翩的當代水墨創作。

107　有關「烏金拓」、「蟬翼拓」以及其他拓本製作方法，參見李一、齊開義，《拓片拓本製作技法》（北京：北京工藝美術出版社，1998），15-24。

108　Sherman E. Lee, *Chinese landscape painting*, 2nd ed. (Cleveland: Cleveland Museum of Art, 1962), 21-24.

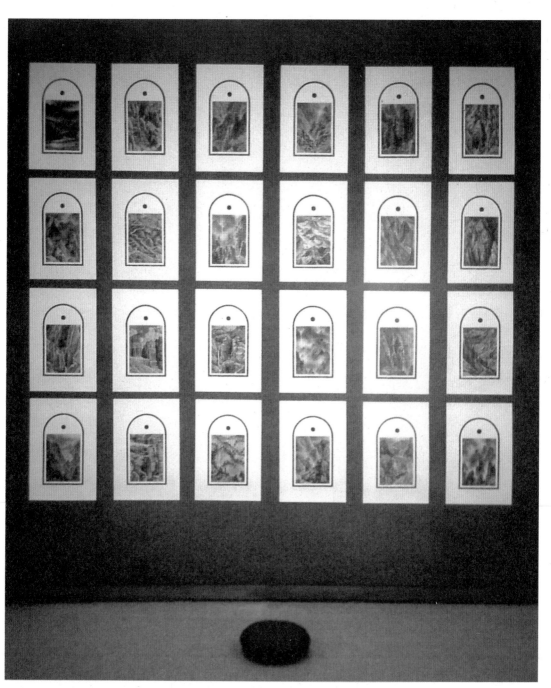

李君毅　《祭》　1989-90　水墨設色紙本、布質拜墊　288×336×120cm

三 字畫合一

關於文字與繪畫的關係，傳統水墨即強調書畫的結合，並提出了「書畫同源」的理論依據，成為中國文人藝術的一大特徵。正如世界上大部分的古代文明，中國的漢字也是起源於圖畫文字，再演進為特有的象形文字，並衍生出會意及形聲等所謂「六書」的系統，以作為先民記錄事情及傳達訊息的手段。[109] 中國文字與繪畫本就存在這種同源的關係，除了在書法用筆上貫通兩者外，還有各種不同視覺效果的融合方法，如以圖畫裝飾於文字筆劃或以文字組合加工成圖像，發展出豐富多樣的「字畫合一」形式。[110] 此一饒有中國文化特色的藝術表現如何進行當代轉化，似乎可以為中國水墨創作者擺脫西方強勢文化的霸權支配提供一條可行之途。當代中國藝術家如徐冰、谷文達和邱志杰等，對於文字在中國文化傳統中的意義，就以不同的創作理念及手法，成功地作出各擅勝場的重新詮釋。

筆者一直以來的水墨創作，皆關注文字與繪畫關聯性的問題，試圖在藝術形式上藉文字作為圖像的背景，把具有中國文化特點的「方塊字」置

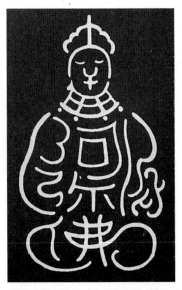

揚州大明寺清代《南無阿彌陀佛》石刻摹繪呈現的「字畫合一」

---

109 有關漢字的起源與「六書」的建構，參見王寧、鄒曉麗，《漢字》（香港：海峰出版，1999），13-90。

110 中國傳統民間藝術有組畫成字、組字成畫、添飾字、嵌畫字等手法，參見張道一，〈民間的美術字〉，《漢聲雜誌》87（1996年3月）：22-26。

入方格結構與碑狀圖式中，以完成個人作品所標榜「字畫合一」的藝術追求。為了整體畫面效果的需要，筆者特別選用了宋體字的字型，借助其整齊莊重的筆劃及造型特點，呈現出帶有規律性的和諧美感。宋體字乃是明代中晚期刻工模仿南宋「寫刻」

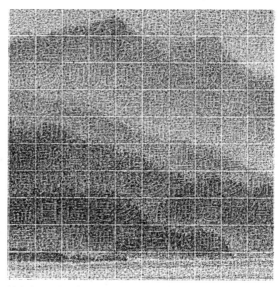

筆者作品局部所顯示的宋體字以及「字畫合一」的效果

雕版的一種字體，從古代的刻版印刷演變到機械化的凸版鉛印，以至當下的電腦植字及平版膠印，仍是彌久不衰而廣受歡迎的漢字類型。[111]筆者「心印臺灣」系列的作品，就是利用規整排列的宋體《心經》文字，組構成方格碑狀的畫面背景，以軟木拓印的方式經營出所要表現的山水圖像，從而產生「字畫合一」相濟相融的藝術形式及視覺效果。

宋代蘇軾評論王維的創作，稱譽為「詩中有畫，畫中有詩」，標舉了傳統文人藝術「詩畫合一」的重要意義；因此元代以後的文人畫家，莫不在詩與畫的相互關係中，探索發展各自的水墨天地。筆者早年就經常借用古今詩詞，作為畫面的文字背景，同時根據選取詩文的

---

111 中國宋代時期印刷出版蓬勃發展，早期皆由專業寫工在薄紙手寫文字，再交刻工摹刻到木板上，因此保留了書法的線條造型美感，參見張道一，〈宋體字之美〉，《漢聲雜誌》88（1996 年 4 月）：60-67。

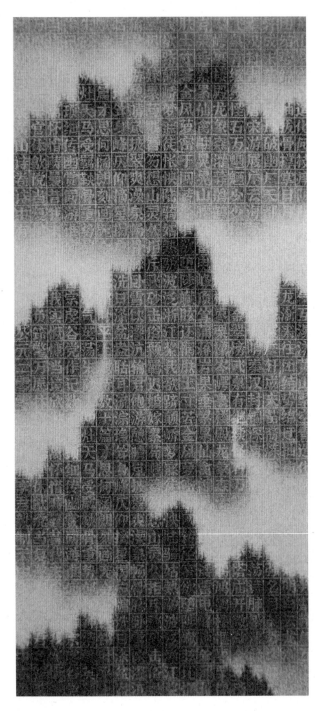

李君毅
《詩中有畫，畫中有詩》
2001 水墨設色紙本
153×69cm

內容，設定題材並構思相應的圖像與整體的布局，進而謀求文與圖彼此間互為印合的藝術意境。筆者除了試圖重新詮釋「詩中有畫，畫中有詩」的文人意趣外，更透過文圖字畫間所引發的思考與聯想，寄寓種種社會、政治及文化層面的意義。譬如在近期「心印臺灣」的創作中，因應島內外風雲詭譎的時局所帶來人心的不安與躁動，筆者完成新作《山川震眩》及《護國神山》等以茲回應。這些作品皆在文人水墨的詩畫傳統上，以「字畫合一」的方式增添豐富而深刻的現世意義。

四　以心印心

由於筆者賦予個人創作深層的內容與寓意，往往潛藏於表象的藝術形式之下，不易被一般的觀者所了解，因此對每件作品的標題都會苦心思索，以求點出箇中關鍵，從而透露內在委婉蘊藉的意涵。譬如大學時代的畢業製作《萬歲・萬碎・萬萬睡》，以及其後的《山水・山碎》、《碑狀的山水》、《四祭山水》、《心經・心境》等，借取了語言上的諧音或雙關；又如早年的《左思右想・左右思想》、《哭泣的山》，或是近期的《同根》、《山外有山》、《彼岸何處》、《春暖花開待何時》、《護國神山》等畫題，則運用了文學修辭中的隱喻、借喻、擬人、設問及借代等，讓觀者透過熟知的文字用語與成語典故，來發現新的當代對應及現實含意。[112]

筆者多年來雖採用傳統水墨常見的山水、人物、花卉或樹石等

112　相關具有特殊畫題寓意的作品，可參閱筆者出版的兩本創作論述《後殖民的藝術探索：李君毅的現代水墨畫創作》及《此岸彼岸：李君毅當代水墨藝術的後殖民文化思索》。

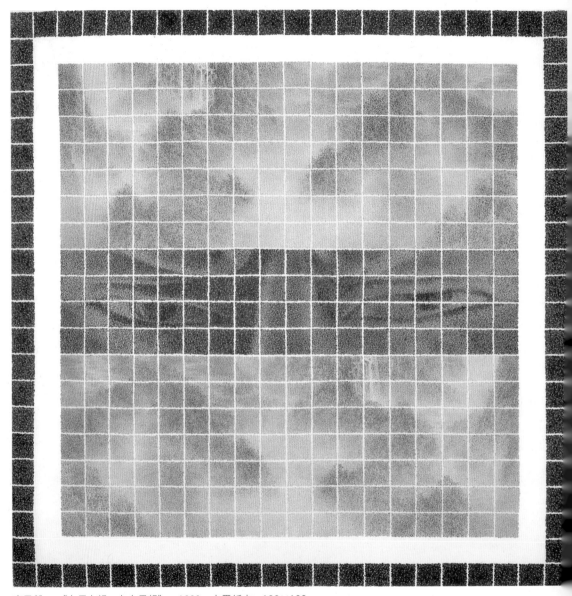

李君毅　《左思右想·左右思想》　1989　水墨紙本　132×132cm

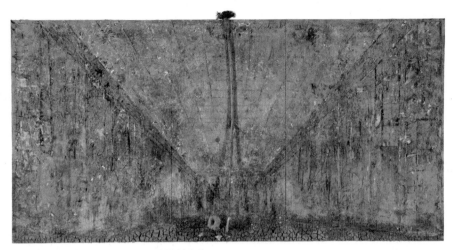

基弗　　《花灰》　　1983-97　　混合媒材畫布　　380×760cm

題材，但通過個人獨特的創作技法與藝術形式，力圖在中國文人藝術的固有基礎上，探索表現出具有嶄新時代意義的豐富文化內涵。因此筆者從一些西方藝術家的作品中尋找靈感，如德國的基弗（Anselm Kiefer）利用象徵性的手法隱喻對民族國家與人類世界的憂思悲懷，就對個人的創作產生至為深鉅的影響。[113] 有感於傳統水墨普遍欠缺基弗那種關注現實現世的精神，筆者遂以當代水墨的創作觀念與方法，試圖在作品中表現同一種思慮情懷。作為一個身處於 21 世紀的臺灣藝術家，對於國家社會的隱憂以及自我存在的困惑，無疑必須深刻地檢視與反思，從而自傳統文人藝術的框架中跳脫出來，以富於人文主義的思想關注現實人生並觀照現世人間。

　　唐代黃蘗斷際禪師的《傳心法要》寫道：「以心印心，心心不異。

113　在眾多關於基弗的藝術評論與學術研究中，法國美術史學者阿拉斯（Daniel Arasse）的著作最具代表性。Daniel Arasse, *Anselm Kiefer* (London: Thames & Hudson, 2001).

印著空，即印不成文；印著物，即印不成法。」[114] 此外北宋郭若虛在
《圖畫見聞誌》中則提到：「本自心源，想成形跡，跡與心合，是之
謂印。」[115] 筆者受到兩人「心印」論述的啟發，決定把新一系列的主
題定名為「心印臺灣」；乃是強調運用所謂「以心印心」的水墨創作
方式，即用《心經》文字拓印為圖以表現心中的所思所慮。至於選用
《心經》的原因，除了在宗教上撫慰淨化人心的期盼外，260 字的經
文以 13 字為一直行，總共排列成 20 橫排，一旦附加一直行包括畫題、
創作日期以及簽名等文字，就組構出一個 13 乘以 21 的橫幅畫面，成
為筆者最常使用的畫幅結構比例。此一比例經過仔細的計算比對，跟
西方藝術的「黃金分割」（golden section），即（$\sqrt{5}$-1）/2 的無理數或 0.618
：1 的比例，竟只有千份之 1.6 的差別，所以兩者基本上並無二致。[116]「黃
金分割」切合數理關係中的比例原則，所具有的藝術性與和諧性，能
引起人愉悅的審美感受，故西方自古以來的建築及藝術名作，皆屢見
採用此一黃金比例。筆者「心印臺灣」系列的作品，大多呈現「黃金
分割」的橫幅畫面，這既跟個人理智思維的本性相符，同時也能在視
覺上產生印合「以心印心」宗教性意涵的和諧效果。

114　斷際禪師，《黃檗傳心法要》（卷上），重印本（南京：金陵刻經處，2013），10。

115　郭若虛，《圖畫見聞誌》，俞劍華註釋（上海：上海人民美術出版社，1964），18。

116　對於繪畫構圖比例的分析，袁金塔認為：「凡是 3：5，5：8，8：13，13：21 等等，均是合於黃金分
割率的。『黃金段』之所以成為最美的形體，是因它能表現寓變化於整齊的基本原則，如果形體
太整齊，易流於呆板單調，形體變化太多又往往造成散漫雜亂，所以整齊中透著變化，規律中孕
著新奇，才是最適宜的。」袁金塔，《中西繪畫構圖之比較》（臺北：藝風堂，1987），66。

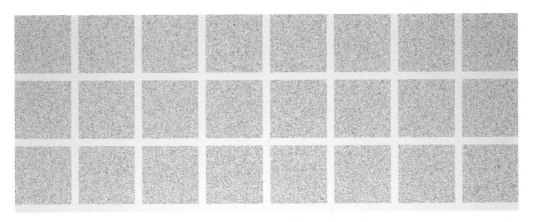

陸、「心印臺灣」的系列作品

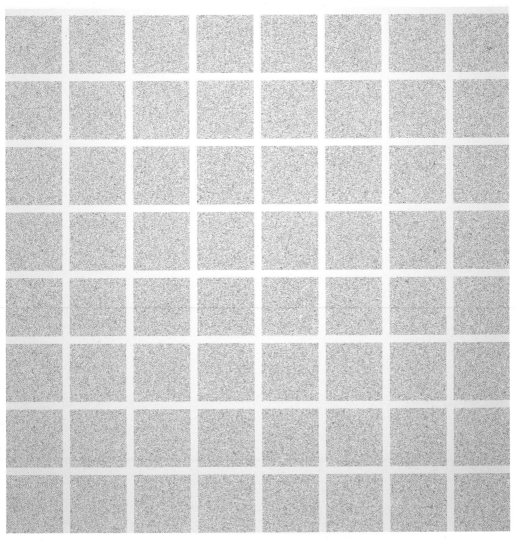

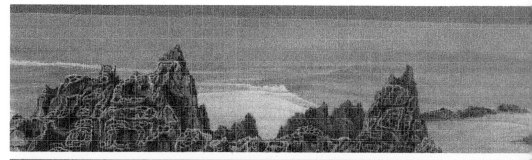

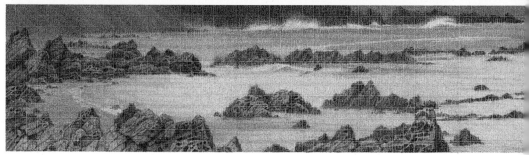

李君毅　《波羅岸長卷》　2016　水墨紙本　54.5×851cm

一　人生思考

　　筆者於 2016 年開展一系列臺灣海岸主題的創作，當時參考了劉國松《香江歲月》的卷子形制，經過半年多的時間繪製完成《波羅岸長卷》。該畫作利用傳統中國手卷從右至左舒卷展閱的方式，如攝錄機的錄像手法展現臺灣動人的海景風光，藉以重新詮釋傳統水墨所謂「臥遊山水」的意念。[117] 整個創作具有一種時空流轉的概念，因此除了實體的畫卷作品外，也仿照閱覽長卷時移動的視覺經驗，製作成錄像短片以螢幕播放動態的畫中映像。《波羅岸長卷》開首為廣闊舒坦而無風無浪的平靜大海，接續出現漣漪微波輕泛海面，然後風浪漸起

117　南朝宗炳有「澄懷觀道，臥以游之」的記載，有關宗炳和倪瓚、沈周等後世文人畫家的「臥遊」觀念，見筆者的論述。Chun-yi Lee, "The Immortal Brush: Daoism and the Art of Shen Zhou (1427-1509)," (PhD dissertation, Arizona State University, 2009), 159-66.

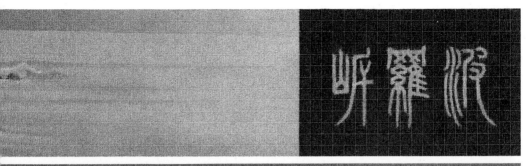

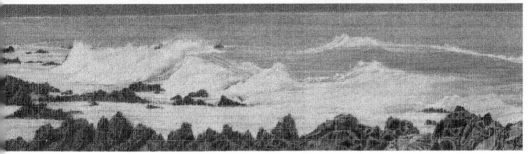

於礁石暗湧間，再有巨浪翻滾映照嶙峋岸石，經過了復趨平緩的近岸而到霞光斜鋪的淺灘為終結。全幅畫作借用佛教的「彼岸」觀念來比喻人的一生，從無憂無慮的孩提歲月，到活潑好動的童年光景，再經過年少輕狂的青春年華，進入激勵奮發的壯年時期，以至繁華漸退的中年階段，慢慢邁向衰寂的垂老人生，最後到達終極盼望的彼岸。

　　《波羅岸長卷》中筆者運用《心經》的經文作為海景圖像的背景文字，以反覆誦念的概念重複經文九次而構成橫幅長條的畫面，以此增強「心印臺灣」主題的宗教性意涵。《心經》梵名音譯為「般若波羅蜜多」，意指憑著般若智慧到達解脫彼岸。佛學典籍《大智度論》云：「波羅，此言彼岸。蜜，此言到……彼以生死為此岸，涅槃為彼岸。」[118]

118　龍樹菩薩，《大智度論》（上），鳩摩羅什譯（臺北：新文豐，1975），卷12，18-19。

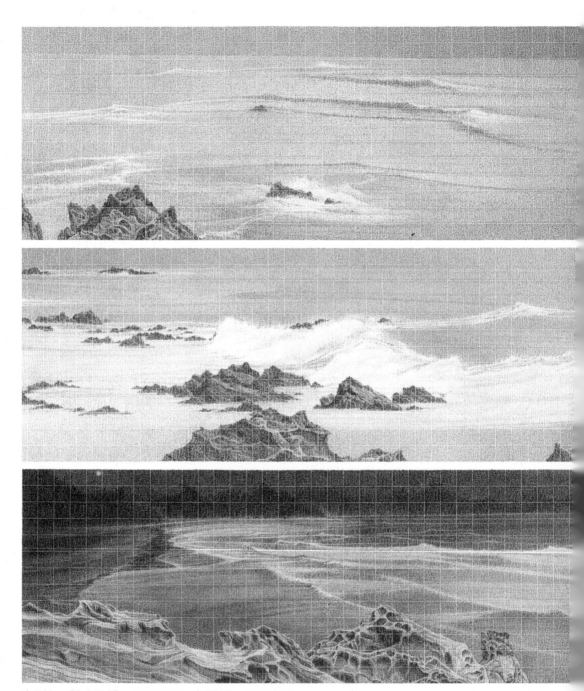

李君毅　《心岸長卷》　2018-2019　水墨紙本　54.5×935cm

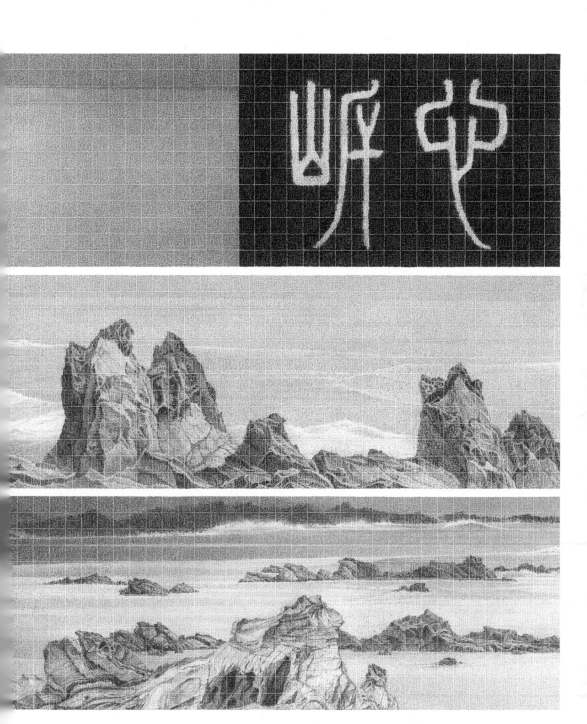

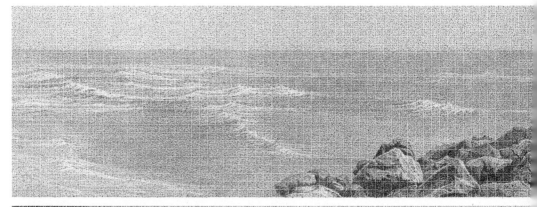

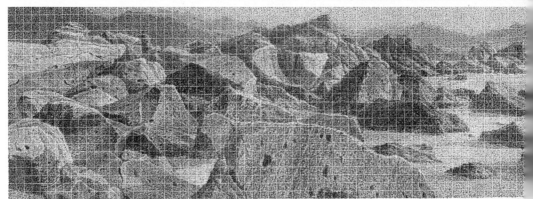

李君毅　《金剛岸》　2019　水墨紙本　30.5×356cm

就是説人生猶如無邊苦海，惟有修悟佛法親證大智慧，方能最終解脱
生死輪迴，到達不生不滅的涅槃解脱彼岸。《波羅岸長卷》乃是運用
《心經》此一「彼岸」觀念完成的首件作品，而筆者在此基礎上又於
2018 年創作另一題為《心岸長卷》的畫作，除了藉海跟岸、水跟石的
不同狀態作為現世人生的比喻外，還加入了日夜朝暮與陰晴明晦的時
空變化，以暗示人世間的生滅變異及虛幻無常。至於海景圖像於畫面
上的配置處理，《波羅岸長卷》較著重表現浪海跟岸石間剛柔動靜的
強烈對比，但在《心岸長卷》中則轉為強調水跟石的動態呼應，以呈
現更鮮明的律動節奏及和諧美感。

　　2019 年筆者接續以《心經》的「彼岸」觀念，創作了另一件題為《金

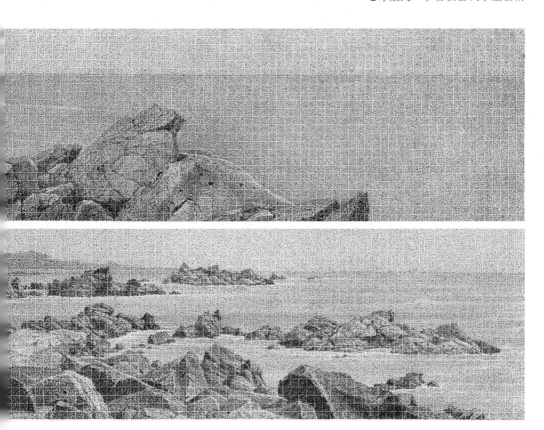

剛岸》的小型長卷。此作借用另一部廣為誦持的佛教經典《金剛般若波羅蜜經》（*Vajracchedikā Prajñāpāramitā Sūtra*）為題，同樣貫徹「心印臺灣」的創作意念，都是通過海與岸的圖像來表達直指人心的相關宗教寓意。正如釋星雲所說：

> 在中國佛教的傳布史上，有三部堪稱為「心的經典」，包括佛陀的《般若心經》（簡稱《心經》）、《金剛般若波羅蜜經》（簡稱《金剛經》），以及中國禪宗六祖慧能大師的《六祖壇經》。[119]

119　釋星雲，《成就的秘訣：金剛經》（臺北：有鹿文化，2010），6。

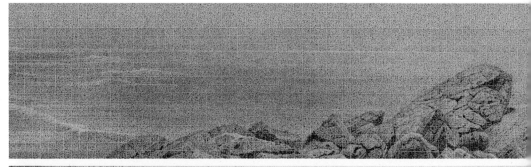

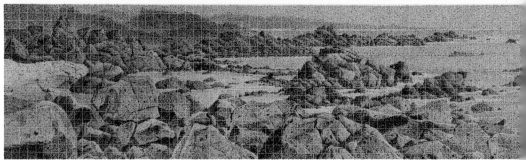

李君毅　《昏岸》　2019　水墨設色紙本　24.5×356cm

筆者有感於世界上災劫禍難連連，臺灣社會又深陷重重難題困境之中，造成世人島民的內心終日躁鬱不安；因此選擇臺灣北部富貴角的風稜石海岸為表現素材，以借喻的手法激勵人心去正向面對現世人生。富貴角當地岸邊鋪滿火山岩構造的岸石，經過長年風化侵蝕而顯露出崢嶸稜角，筆者藉此呼應「金剛」題旨所示，即般若如金剛摧毀一切戲論妄執，比喻世人歷經劫難苦厄的考驗，卻仍可顯露出一份莊敬自強、堅毅剛正的人生態度。[120]

---

120 印順法師對《金剛般若波羅蜜經》的經題解釋道：「金剛比喻般若。般若能破壞一切戲論妄執，不為妄執所壞；它的堅、明、利，如金剛一樣……金剛有遮邪顯正二義，不但比喻所遣的邪行，他也是『細牢』的——『細者智因故，牢者不可壞故』，比喻堅實深細的智因——實相。」釋印順，《般若經講記》，13-14。

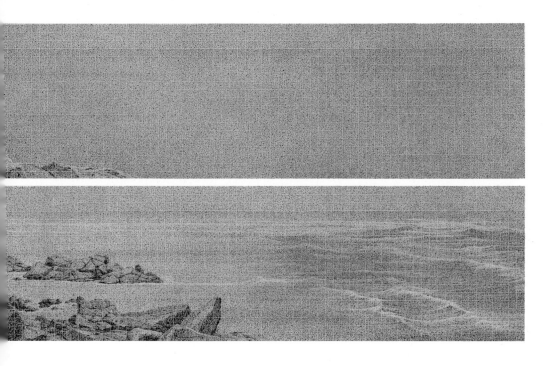

二　遙想彼岸

筆者特殊的成長背景以及流徙各地的人生經歷，使個人對民族、國家、社會與文化產生認同上的種種困惑疑慮，並且造成內心一種「離散」及「放逐」（exile）的意識。[121] 誠如一生去國漂泊的薩依德所言：

> 放逐乃是最為悲慘的命運之一……不但是指長年遠離家園故地而茫然游蕩，並且是處於一種被永久遺棄的狀態，讓人毫無歸屬感，跟周遭扞格不入，對過往無法釋懷，又對當下及未來憤恨不平。[122]

121　「離散」（diaspora）與「放逐」（exile）兩詞雖同指離開故國家園的狀態，但後殖民主義論者在使用上有不同的習慣及特定的意涵。見廖炳惠編，《關鍵詞200：文學與批評研究的通用辭彙編》，修訂版（臺北：麥田出版，2011），78-80，104-05。

122　Said, *Representations of the Intellectual*, 47.

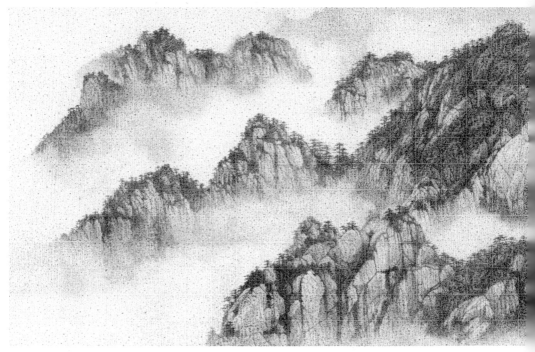

李君毅 《霧起雲湧》 2019 水墨紙本 55×89cm

因此離散、放逐的游移疏離狀態，往往使個體存在跟現實環境難以調適，產生錯置、邊緣或局外等格格不入的身分認同問題。像筆者 2019 年完成的《昏岸》一作，就委婉地表達了個人這種游子無依的心態。整件作品籠罩在藍中透赭的幽暗色調中，畫面雖然也是表現臺灣北海岸嶙峋的風稜石，但前景的岸石跟中後景的海與天混融一氣，反映出筆者漂搖流蕩四海而難辨抵岸落腳處的孤寂落寞及心酸無奈。

　　回顧筆者的人生歷程，自幼年時在香港被視為「臺灣人」，到成年後移居加拿大及美國時被認為是「中國人」，乃至近年返臺定居後卻在落葉歸根的土地上被稱作「外省人」、「香港人」或「外國人」，此一身分錯雜與置身邊緣的經驗，深深影響了個人的藝術創作思維。有關國家定位、社會歸屬與文化認同等相關問題，其實也是 20 世紀以

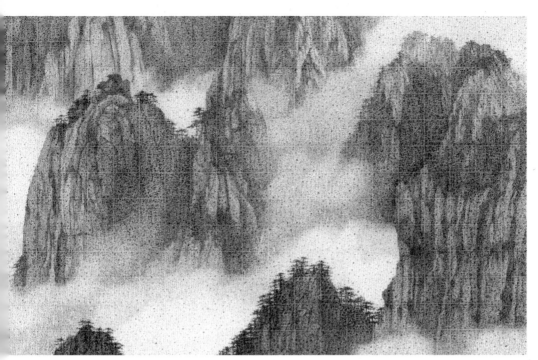

李君毅　《風雲變幻》　2019　水墨紙本　55×89cm

來漂泊離散於海外地區的華人普遍存在的心理困境。[123] 筆者於 2019 年創作的《霧起雲湧》與《風雲變幻》，在在表達了個人此一困惑矛盾的心態。兩件作品皆拓印圖繪大陸黃山的雲煙美景，作為中國文人藝術最為鍾愛的山水題材，黃山寄託了歷代游子墨客內心深處一種文化上的親切歸屬感。然而近年來兩岸日益惡化的政治情勢，如同黃山氣候陰晴多變又反覆無常，讓人摸不著也捉不透其中的真實面相。

　　筆者具有臺灣中華民國與加拿大雙重國籍，又同時持有香港身分

123　譬如「香港華人」就普遍具有這種複雜的身分認同問題，文化論者梁秉鈞指出：「香港人相對於外國人當然是中國人，但相對於來自內地或臺灣的中國人，又好像帶一點外國的影響。他可能是四九年後來港的，對於原來在本地出生的人，他當然是『外來』或『南來』了；但對於七八十年代南來的，他又已經是『本地』了。」也斯（梁秉鈞），〈香港都市文化與文化評論（代序）〉，收在也斯編，《香港的流行文化》（香港：三聯書店，1993），9-10。

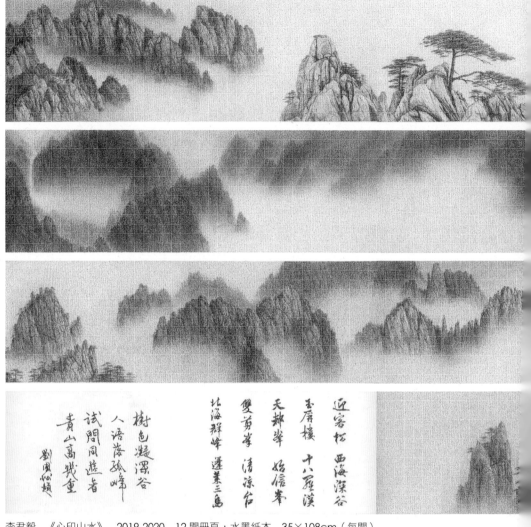

李君毅　《心印山水》　2019-2020　12 開冊頁，水墨紙本　35×108cm（每開）

證及美國居留證，這種命定的多重性國族與混雜性文化的身分，卻讓筆者得以解脫並超越單一或固有的疆域範疇，並使「認同的旅行」變成個人藝術創作的動力及潛能。[124] 至於 2019 至 2020 年完成的《心印山

124　根據政治文化研究者宋國誠的分析，薩依德乃是貫徹所謂的「認同的旅行」，就是力圖穿越東西方的文化界線，打破其內的專橫性及武斷性。宋國誠，《後殖民論述：從法農到薩依德》（臺北：擎松出版，2003），459-73。

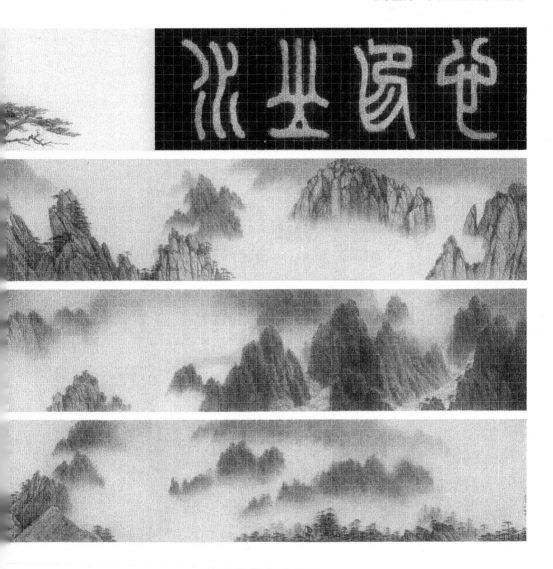

水》，則是表達了筆者心理上一種游移於臺港陸之間，以「臥遊山水」
的方式遙觀對岸黃山勝景，浮想有關兩岸三地民族、國家、社會及文
化等難以定位的身分認同問題。此作為 12 開冊頁畫本，除卷首與跋頁
的拓印文字外，每一開左右兩頁分別以一篇《心經》為畫面背景，其
上各表現出黃山的十大著名景點——迎客松、玉屏樓、天都峰、雙剪
峰、北海群峰、西海深谷、十八羅漢、始信峰、清涼臺及蓬萊三島。

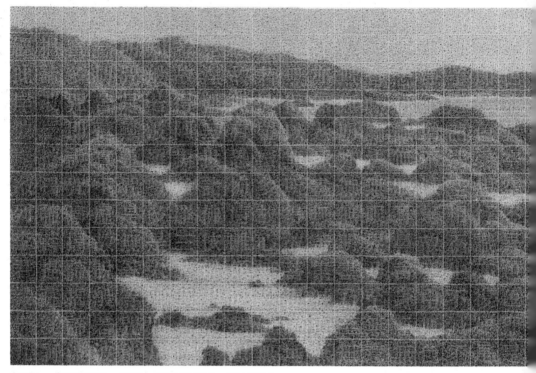

李君毅 《風雨欲來》 2019 水墨設色紙本 43×135.5cm

各景既可獨立成十幅個別構圖,又可「心心相連」而成一長卷形式的橫幅結構。

三 立足此岸

　　筆者多年來一直關注兩岸三地的局勢發展,思考其中令人困惑憂慮的種種問題,並以此作為個人創作的主要題材。自 2011 年從美國遷回臺灣定居,筆者在藝術創作上苦心探索,試圖增強作品中本土在地性的成分,以確立一種具有主體性的文化身分認同。由於筆者出生地的高雄、成長地的香港,乃至移居地的溫哥華,都屬於海港城市,故生命裡跟海以及海岸,可說有種冥冥中註定的緣份。而在返臺後的藝術探索過程中,個人很自然地跟臺灣海岸產生心靈上的契合,特別是

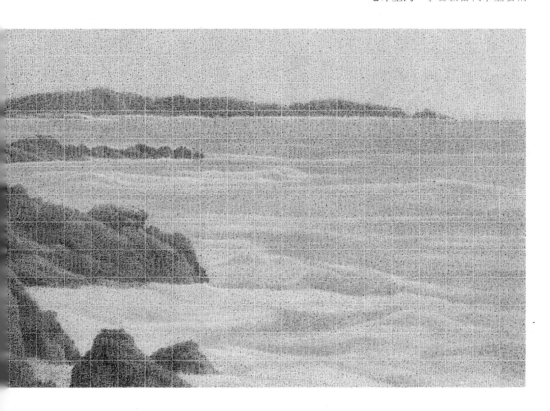

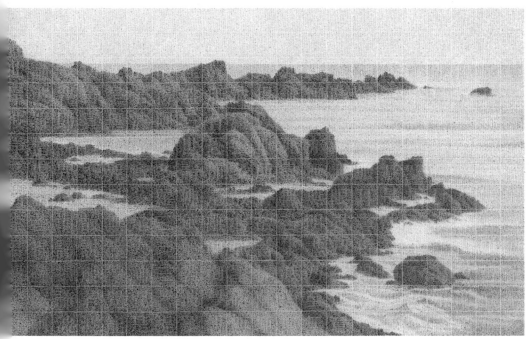

李君毅　《暗流湧動》　2019　水墨設色紙本　43×70cm

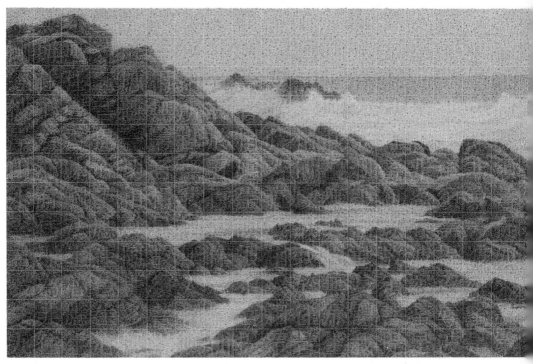

李君毅　《風起水湧》　2019　水墨設色紙本　47.5×154cm

對北部的沿岸景色感到興趣。除了這個區域獨特多變的地理景觀外，其所處的位置面對彼岸的大陸，也附帶敏感的相關政治意涵。因此筆者把個人對政治性議題的關切，結合臺灣北部及東北角的海岸實景，創作出一批具有隱喻性意義的作品。譬如 2016 年臺灣經歷了統治政權的轉換，新上臺的執政者開始在兩岸議題上採取較前強硬與對立的政策，導致政治上緊張不穩的時局以及社會上浮動不安的情緒。2019 年創作的《風雨欲來》與《暗流湧動》，就是將筆者對政局的憂忡訴諸畫面。作品表面呈現出一派平靜安和的氛圍，然而海上一角已開始被陣風掀動起來，悄悄地泛現波濤暗湧並逐漸捲向四周。

　　近年來海峽兩岸的關係不斷地加劇惡化，同時國際上中美兩大強權的衝突日益升溫，致使臺灣的局勢如抱火寢薪般岌岌可危。筆者於

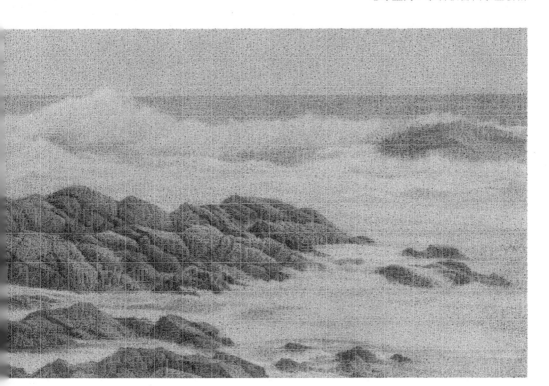

2019 年針對此一政治情勢，有感而發地構思並拓印圖繪《風起水湧》一作。畫中的島岸正處於陰霾籠罩的晦暗氛圍中，連綿湧至的波濤巨浪拍打沿岸的險石危礁，顯現出一片風雲變色的沈鬱氣象。筆者藉此暗指兩岸在政治的對立衝突下，臺灣所陷入當風秉燭的危險境況。同一年筆者又完成了《乘風興浪》，也同樣是借景抒發對時局的焦慮不安。整件作品似有一種暴雨前夕的寧靜，但海面其實已浮現幾微跡象，吐露出暗藏其下的滾滾潮水快將翻浪倒海。筆者面對山雨欲來的險峻局勢，惟有以警世的創作來再次點出當前的危機四伏。

　　當下的 2021 是傳統天干地支曆法的辛丑年，在近現代中國歷史上曾遭遇過難以磨滅的災禍及羞辱。180 年前的辛丑，清政府與英國正處於第一次鴉片戰爭，結果戰敗後簽訂《南京條約》割讓香港；120 年前

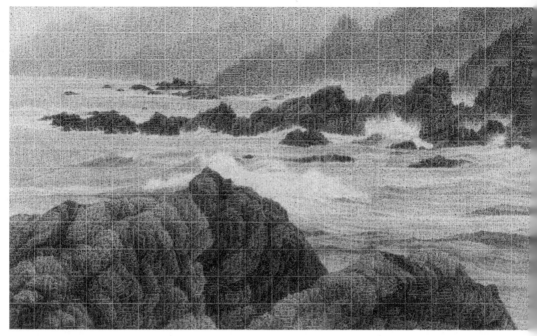

李君毅　《乘風興浪》　2019　水墨設色紙本　47×79cm

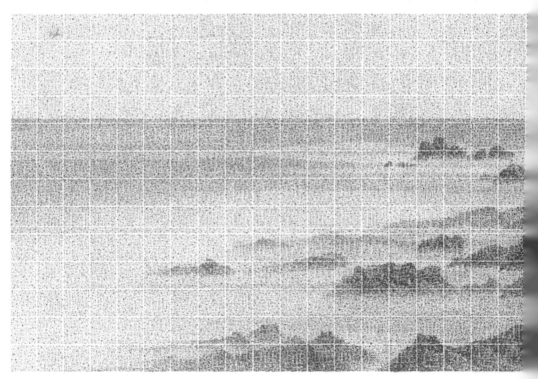

李君毅　《霧鎖》　2020　水墨紙本　43×136cm

的辛丑，清廷又跟八國聯軍訂下喪權辱國的《辛丑條約》，巨額的賠款導致日後清朝的覆亡；上一個甲子的辛丑年，中國正值三年大飢荒，造成數千萬人死亡的人類浩劫。當前的中國大陸在國力的不斷提升下，加上共產黨政權慶祝建黨百年之際，全國湧現一股強烈的民族主義及愛國情緒，極欲洗刷國恥國難的歷史傷痕。通過這樣的歷史脈絡來審視兩岸的關係以及臺灣的現況，種種危險徵兆不禁讓人惴惴難安。筆者於 2020 年的《霧鎖》一作中就提出警告，畫面中的島嶼海岸在一片霧霾籠罩之下顯得平靜如常，然而天際遠方卻出現大陸共軍運八偵察機的踪影，顯示臺灣空域存在軍事上遭受對岸空軍封鎖的危機。

　　事實上任何負責任的政府應以人民福祉為重，儘可能使之免受戰

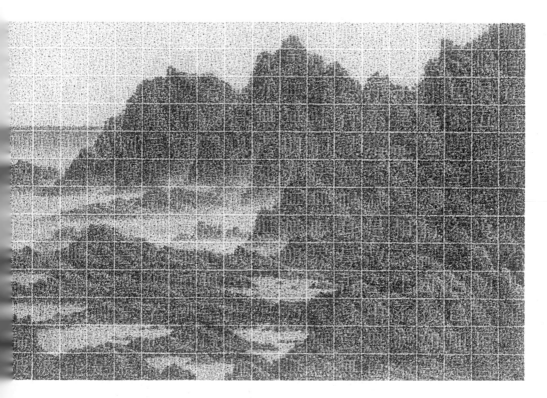

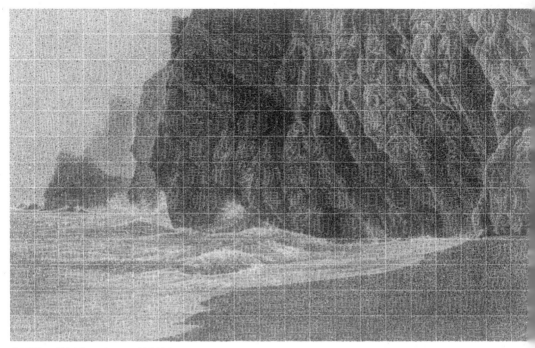

李君毅　《拍岸》　2020　水墨紙本　52×84cm

爭的威脅與恐懼，可是現今臺灣當政者在意識形態上的偏執，導引致
各樣蠻橫冒進的作為，正仿如進行一種「伊卡洛斯式的飛行」（Icarian
flight），恐將悲劇性地走上自我毀滅的末路。[125] 筆者 2020 年的另一件
作品《拍岸》，表現臨海的岸石遭受浪濤沖擊，似乎已顯露出瀕臨傾
倒崩裂的狀態。因此假如極端的政治意識形態被臺灣社會放任縱容，
將會是引火自焚般莽撞愚昧的舉措，最終使人民遭遇家園土地破碎崩
解的危難。文化論者陳芳明曾語重心長地提醒：

　　當以本土意識形態用來檢驗他人的政治立場時，很有可能出現法

125　希臘神話中有個叫伊卡洛斯（Icarus）的青年，他跟父親代達羅斯（Daelalus）使用蜜蠟與羽毛造的
　　翅膀逃離克里特島時，因為不聽父親叮囑而飛得太高，雙翼遭太陽溶化後跌入水中喪生。見 Edith
　　Hamilton, *Mythology: Timeless Tales of Gods and Heroes* (New York: Warner Books, 1999), 144-45.

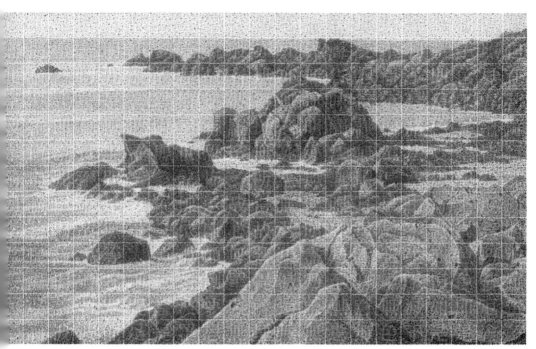

李君毅　《潮起潮落》　2020　水墨紙本　43×70cm

西斯的危機……多少年來在臺灣社會的角落，不時可以看到傲慢的本土主義者。他們像乩童那樣，四處張貼符咒，四處對不同意識形態者貼上標籤。這樣披著民主外衣的本土意識論者，反而對真正民主價值傷害最大。[126]

至於筆者同年作品《潮起潮落》的標題則暗示，正如海上潮汐的起起落落，政權的更迭乃是歷史的必然現象，也是民主體制的政治常態。任何臺灣島內的政治人物或黨派勢力，理應以遠大的眼光與包容的態度來謀求社會的長治久安，而不該帶有意識形態的偏見去汲汲營營於短期的利害得失。

126　陳芳明，《我的家園閱讀：當代臺灣人文精神》（臺北：麥田出版，2017），279-90。

四 人世憂患

筆者一生不停地在尋覓民族、國家、社會與文化的一處歸屬，期盼能夠把生命安頓在親切踏實的土地上。然而生活在臺灣的現實當下，面對社會上族群分化、階級對抗、意識形態衝突、國家觀念扭曲、文化身分錯亂等現象，令人難以自拔地陷入一片迷茫失落。筆者於 2020 年底創作的《海市蜃樓》一作，畫中的海岸景色籠罩在虛無縹緲的煙雲中，產生如蜃景般的堆疊影像。此作用以暗諷社會上誇張扭曲或虛構造假的訊息泛濫，政治集團更大肆運用網路媒體進行「帶風向」、「大內宣」的操作，炮製各式幻象泡影迷惑一般群眾，使之方向迷失而不知所措地陷入茫然窘境。

臺灣紛擾不斷的現實狀況，讓筆者在身分認同與自身歸屬的問題上深感困惑，始終難以調適並安頓內心的漂泊離散意識。不過從另外一個層面來看，這種心理上持續的扞格游離狀態，反而賦予筆者殊異的觀察視角與思考方式，並得以掌握知識分子特有的自由獨立意志及憂患奮發精神。中國古人有所謂「生於憂患而死於安樂」之言，薩依德也是本著同樣的志節儆戒耽於安逸的因循怠惰，力求在踽踽獨行的生命中凌駕於現世濁流，貫徹知識分子批判對抗權威體制及利益集團的道德勇氣。因此薩依德自況而言道：

> 對於知識分子來說，流離失所意味著從尋常生涯解放出來，而在尋常生涯中的「按本做好」或因循既定步調乃是主要的里程碑。放逐就是將要淪為邊緣，作為知識分子必須能自創，因為不再走

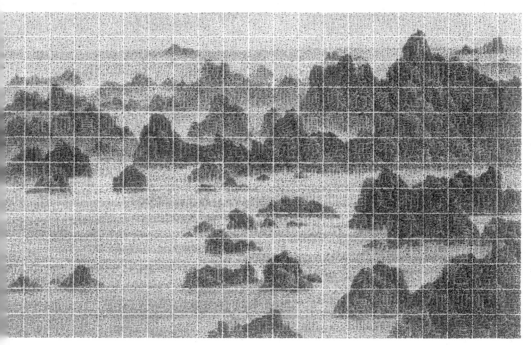

李君毅　《海市蜃樓》　2020　水墨紙本　43×70.5cm

別人的老路……當成是一種自由，也是自行其是的發現過程，依循著引你關注的不同興趣，以及遵照你設定的特殊目標，那就是獨一無二的快樂。[127]

筆者轉而把個人的鄉歸情懷，投放於臺灣土地上的自然山水美景，進而通過當代水墨的藝術探索，追尋發現屬於自己安身立命的一處定位。譬如 2021 年初完成的《山重水複疑無路》，選用了太魯閣立霧溪蜿蜒曲折的溪谷水道，來表達筆者日暮途窮卻又得見柳暗花明的心路

127　Said, *Representations of the Intellectual*, 62.

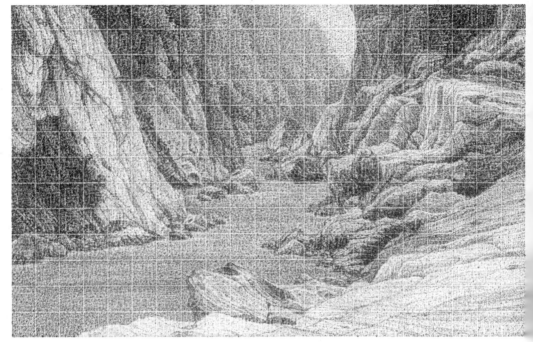

李君毅　《山重水複疑無路》　2021　水墨紙本　35×57cm

歷程。另一件近期創作的《春水東流不復還》，也是取材自太魯閣險峻壯偉的峽谷曲流，表現瀑水傾瀉而下奔流出海的奇觀，藉以寄望個人對家國社會的哀思愁緒，猶如滔滔不盡的春水滾滾流去不返。

　　近兩年全球經歷了新冠病毒疫情的無情肆虐，同時世界各地仍飽受種種自然與人為災禍的磨難，相形之下臺灣彷彿是偷得半載一年安然自得的孤島樂土。筆者 2021 年的近作《山川震眩》，以高雄燕巢月世界為素材，表現一片片乾裂枯槁的山川大地。此作品的標題乃特意暗指，不管是族群國家的對立爭鬥，還是宗教文化各層面的矛盾衝突，正持續在全世界不斷地激化加深，甚至人類跟大自然的激烈對抗，也造成整個地球氣候生態的嚴重失衡並釀成災害。至於另外兩件近作

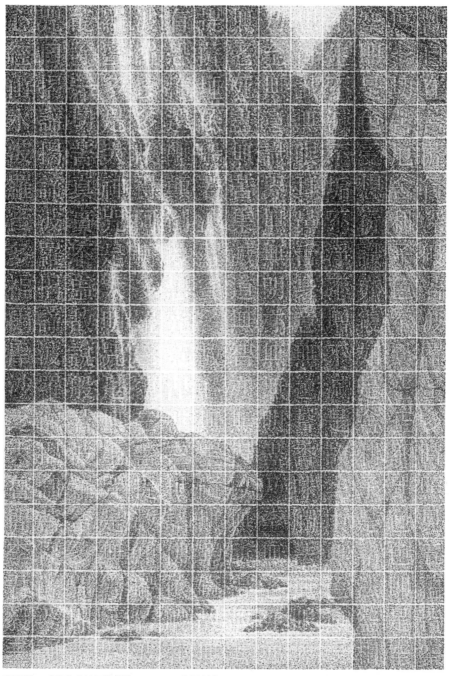

李君毅　《春水東流不復還》　2021　水墨紙本　101×70cm

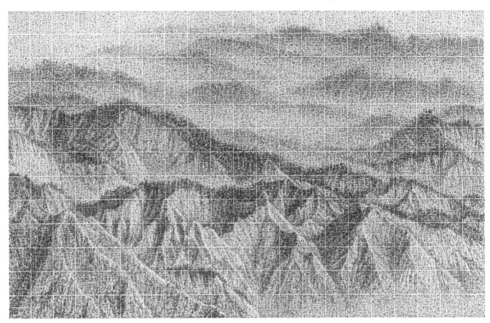

李君毅　《山川震眩》　2021　水墨紙本　35×57cm

《春暖花開待何時》與《山光水色覓何處》，則是分別拓印圖繪合歡山及日月潭，表現這兩處臺灣勝景於春季時節的不同風致，一是遍山的杜鵑花盛放，一是滿湖的霧雨迷濛。筆者通過借景抒情的方式，冀盼遭逢連年災禍的現實世界，能像兩作中春回大地的景象一般，出現「一元復始，萬象更新」的局面。

　　筆者最近完成的《護國神山》，以臺灣第一高峰的玉山借代為作品題材，呈現其被稱譽為百嶽之首的巍峨雄姿。[128]「護國神山」除了是地理上臺灣的天然屏障，保護島嶼西部與北部人口及經濟發達地

128　「護國神山」本指素有「臺灣屋脊」之稱的中央山脈，筆者則刻意選擇造型辨識度更高，臺灣象徵代表意義更強的玉山主峰（屬於玉山山脈），作為一種藝術手法上的借代。

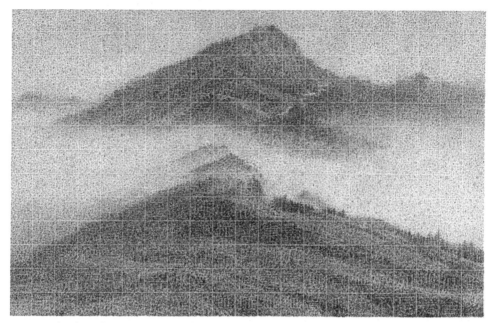

李君毅　《春暖花開待何時》　2021　水墨設色紙本　35×57cm

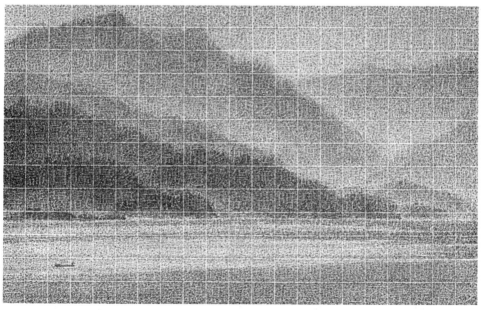

李君毅　《山光水色覓何處》　2021　水墨紙本　35×57cm

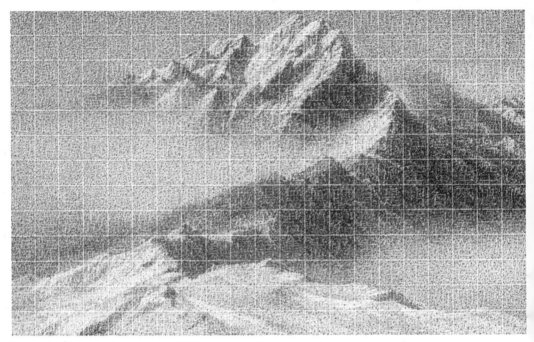

李君毅　《護國神山》　2021　水墨紙本　35×57cm

區，減低來自東或南太平洋颱風的侵襲外，當下更流行借用它為本地
高端半導體產業，特別是臺灣積體電路製造公司（臺積電）的代稱，
以示其在經濟甚至政治上對這座寶島的護持作用。筆者特以「心印臺
灣」的創作觀念與手法，藉此作品的主題配合圖像背景的《心經》文
字，表達了一種積極樂觀的人生態度，即便面對島內外種種複雜而嚴
峻的衝擊與挑戰，只要民間的力量得到公平競爭及正向發展的空間，
終究仍能在這塊島民賴以生存的美麗土地上，實現立命安身並且圓滿
具足的生命追求。

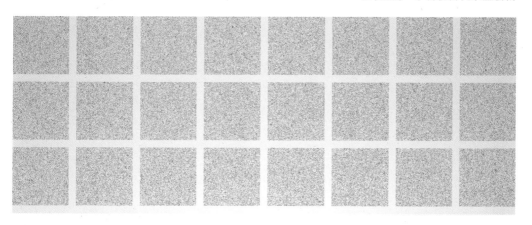

參考文獻

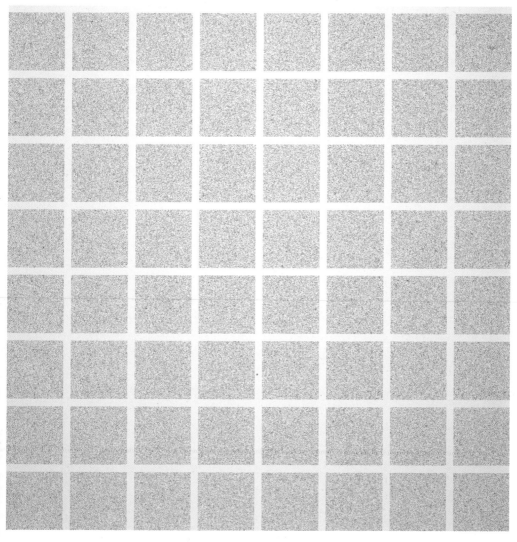

英文專論書籍

· Amorim, ed. *The Art of Cork*. Milan: Corticeira Amorim, 2014.

· Arasse, Daniel. *Anselm Kiefer*. London: Thames & Hudson, 2001.

· Ashcroft, Bill, Gareth Griffiths and Helen Tiffin eds. *Post-colonial Studies: The Key Concepts*. London: Routledge, 1998.

· Bhabha, Homi K. *The Location of Culture*. London: Routledge, 1994.

· Cheney, Ian, dir. *The Search for General Tso*. 2014; New York: Sundance Selects, 2015. DVD.

· Christie's, ed. *Chinese Contemporary Ink Auction*. Hong Kong: Christie's, 2014.

· Courthion, Pierre. *Seurat*. Translated by Norbert Guterman. New York: Harry N. Abrams, 1988.

· Fanon, Frantz. *The Wretched of the Earth*. Translated by Constance Farrington. New York: Grove, 1963.

· Guilbaut, Serge. *How New York Stole the Idea of Modern Art: Abstract Expressionism, Freedom, and the Cold War*. Translated by Arthur Goldhammer. Chicago: The University of Chicago Press, 1983.

· Hamilton, Edith. *Mythology: Timeless Tales of Gods and Heroes*. New York: Warner Books, 1999.

· Hearn, Maxwell. *Ink Art. Past As Present in Contemporary China*. New York: Metropolitan Museum, 2014.

· Lee, Chun-yi. "The Immortal Brush: Daoism and the Art of Shen Zhou (1427-1509)." PhD dissertation, Arizona State University, 2009.

· Lee, Sherman E. *Chinese Landscape Painting*. 2nd ed. Cleveland: Cleveland Museum of Art, 1962.

· Marquis, Alice Goldfarb. *Art Czar: The Rise and Fall of Clement Greenberg*. Boston: MFA Publications, 2006.

· Said, Edward W. *Orientalism*. New York: Vintage Books, 1979.

· _____. *Culture and Imperialism*. New York: Vintage Books, 1993.

· _____. *Representations of the Intellectual: The 1993 Reith Lectures*. London: Vintage Books, 1994.

· _____. *Out of Place: A Memoir*. New York: Knopf Doubleday, 1999.

· Saunders, Frances Stonor. *The Cultural Cold War: The CIA and the World of Arts and Letters*. New York: The New Press, 1999.

· Taylor, Brandon. *Collage: The Making of Modern Art*. London: Thames & Hudson, 2006.

中文專論書籍

- 丁仁傑。《當代漢人民眾宗教研究：論述、認同與社會再生產》。臺北：聯經，2009。

- 于安瀾編。《畫論叢刊》上卷。北京：人民美術出版社，1960。

- 也斯編。《香港的流行文化》。香港：三聯書店，1993。

- 中國水墨畫學會編。《中國現代水墨畫》。臺北：中國水墨畫學會，1970。

- 王寧、鄒曉麗。《漢字》。香港：海峰出版社，1999。

- 石守謙。《山鳴谷應：中國山水畫和觀眾的歷史》。臺北：石頭出版社，2017。

- 朱佩儀、謝東山。《臺灣寫實主義美術 1895-2005》。臺北：典藏藝術家庭，2006。

- 朱耀偉。《當代西方批評論述的中國圖象》。臺北：駱駝出版社，1996。

- 李一、齊開義。《拓片拓本製作技法》。北京：北京工藝美術出版社，1998。

- 李君毅編。《劉國松研究文選》。臺北：國立歷史博物館，1996。

- _____。《香港現代水墨畫文選》。香港：香港現代水墨畫協會，2001。

- 李君毅。《宇宙心印——劉國松的藝術創作與思想》。香港：香港大學美術博物館，2009。

- _____。《後殖民的藝術探索：李君毅的現代水墨畫創作》。臺北：遠流出版，2015。

- _____。《此岸彼岸：李君毅當代水墨藝術的後殖民文化思索》。臺北：遠流出版，2019。

- 余英時。《歷史人物與文化危機》。臺北：東大圖書，1995。

- 李素芳編。《臺灣的海岸》。新北：遠足文化，2001。

- 呂紹理。《展示臺灣：權力、空間與殖民統治的形象表述》。臺北：麥田出版，2005。

- 宋國誠。《後殖民論述：從法農到薩依德》。臺北：擎松出版，2003。

- 克勞絲。《前衛的原創性》。連德誠譯。臺北：遠流出版，1995。

- 李欽賢。《斯土繪影（1895-1945）》。臺北：立虹出版社，1996。

- 呂榮芳。《中國傳統拓印技術》。香港：香港博物館，1986。

- 呂壽琨。《水墨畫講》。香港：自行出版，1972。

- 林木。《劉國松的中國現代畫之路》。成都：四川美術出版社，2007。

- 林吉峰編。《東方美學與現代美術研討會論文集》。臺北：臺北市立美術館，1992。

- 林泊佑編。《林玉山教授創作展》。臺北：臺北市立美術館，2000。

- 林育淳編。《臺灣紀行．臺北市立美術館典藏專冊 III》。臺北：臺北市立美術館，2014。

- _____。《蓬萊．大觀．鄉原古統》。台北：藝術家出版社，2019。

· 金其楨。《中國碑文化》。重慶：重慶出版社，2002。
· 林明賢編。《「島嶼風情」：日治時期臺灣美術之研究》。臺中：國立臺灣美術館，2008。
· 河清。《現代與後現代：西方藝術文化小史》。香港：三聯書店，1994。
· _____。《全球化與國家意識的衰微——附譯：布迪厄〈遏止野火〉》。北京：中國人民大學出版社，2003。
· _____。《藝術的陰謀：透視一種 " 當代藝術國際 "》。桂林：廣西師範大學出版社，2005。
· 邱貴芬。《後殖民及其外》。臺北：麥田出版，2003。
· 邱貴芬編。《後殖民理論與文化認同》。臺北：麥田出版，2007。
· 林進忠編。《紀念傅狷夫教授——現代書畫藝術學術研討會論文集》。臺北縣：國立臺灣藝術大學，2007。
· 林惺嶽。《臺灣美術風雲四十年》。臺北：自立晚報，1987。
· 周蕾。《寫在家國以外》。米加路譯。香港：牛津大學出版社，1995。
· 韋天瑜編。《當代性的生成》。上海：上海美術出版社，2017。
· 洛特曼。《米其林人：駕馭帝國》。李瀟曉、周堯譯。北京：中國友誼出版公司，2015。
· 高千惠。《當化亞洲藝術專題研究》。臺北：典藏藝術家庭，2013。
· _____。《出界：水墨空間的人間詩學》。臺北：典藏藝術家庭，2020。
· 高名潞。《另類方法另類現代：中國當代藝術中的本土文化因素及其現代性轉化》。上海：上海書畫，2006。
· 袁金塔。《中西繪畫構圖之比較》。臺北：藝風堂，1987。
· 張心龍。《印象派之旅》。臺北：雄獅圖書，1999。
· 陳芳明。《後殖民臺灣：文學史論及其周邊》。臺北：麥田出版，2002。
· _____。《殖民地摩登：現代性與臺灣史觀》。臺北：麥田出版，2004。
· _____。《我的家園閱讀：當代臺灣人文精神》。臺北：麥田出版，2017。
· 陳炳元。《南湖大山：陳炳元山岳攝影集》。臺北：自行出版，1991。
· _____。《荒木讚歌：陳炳元山岳攝影集》。臺北：自行出版，1993。
· _____。《一水一石：陳炳元自然攝影集》。臺北：自行出版，1995。
· _____。《向山問情：陳炳元山岳攝影集》。臺北：自行出版，1997。
· _____。《山水詩情：陳炳元自然攝影集》。臺北：自行出版，1998。
· 郭若虛。《圖畫見聞誌》。俞劍華註釋。上海：上海人民美術出版社，1964。
· 陳鼓應註釋。《老子今註今譯及評介》。三次修訂版。臺北：臺灣商務印書館，2000。

· 陳義芝編。《蔡詩萍精選集》。臺北：九歌出版社，2005。

· 黃光男。《浪蹟藝壇一覺翁》。臺北：臺北市立美術館，1989。

· 曾國棟。《臺灣的碑碣》。新北：遠足文化，2003。

· 湯錦台。《大航海時代的臺灣》。臺北：貓頭鷹出版社，2001。

· 葉玉靜編。《臺灣美術中的臺灣意識：前九〇年代「臺灣美術」論戰選集》。臺北：
雄獅美術，1994。

· 楊宗坤。《臺灣光復後四十年國畫寫生之研究》。臺北：臺北市立美術館，1995。

· 楊孟哲。《日帝殖民下臺灣近代美術之發展》。臺北：五南圖書，2013。

· 廖炳惠。《回顧現代：後現代與後殖民論文集》。臺北：麥田出版，1994。

· _____。《臺灣與世界文學的匯流》。臺北：聯合文學，2006。

· 廖炳惠編。《關鍵詞 200：文學與批評研究的通用辭彙編》。修訂版。臺北：麥田出
版，2011。

· 劉國松。《中國現代畫的路》。臺北：文星書店，1965。

· 劉國松、余光中。《劉國松余光中詩情畫意集》。臺北：新苑藝術經紀顧問；臺中：
現代畫廊，1999。

· _____。《文采畫風》。石家莊：湖北教育出版社，2002。

· _____。《詩情 畫意 2010》。高雄：新思惟人文空間，2010。

· 樂愛國。《朱子格物致知論研究》。長沙：嶽麓書社，2010。

· 潘耀昌編。《20 世紀中國美術教育》。上海：上海書畫出版社，1999。

· 賴香伶編。《在傳統邊緣：拓展當代水墨藝術的視界》。臺北：帝門藝術教育基金
會，1998。

· 盧建榮。《臺灣後殖民國族認同 1950-2000》。臺北：麥田出版，2003。

· 龍樹菩薩。《大智度論》。鳩摩羅什譯。臺北：新文豐，1975。

· 薛燕玲。《日治時期臺灣美術的「地域色彩」》。臺中：國立臺灣美術館，2004。

· 謝覺民。《臺灣寶島：地理學的研究》。姚國水譯。臺北:中華學術院中國地學研究所，
1970。

· 戴寶村。《臺灣的海洋歷史文化》。臺北：玉山社，2011。

· 蕭永盛。《畫意·集錦·郎靜山》。臺北：雄獅圖書，2004。

· 顏娟英譯。《風景心境：臺灣近代美術文獻導讀》（上）。臺北：雄獅美術，
2001。

· 斷際禪師。《黃蘗傳心法要》。重印本。南京：金陵刻經處，2013。

· 蕭瓊瑞。《島嶼色彩：臺灣美術史論》。臺北：東大圖書，1997。

· _____。《懷鄉與認同：臺灣方志八景圖研究》。臺北：典藏藝術家庭，2006。

· 釋印順。《般若經講記》。演培、續明記錄。重版。新竹：自行出版，1971。

・釋星雲。《般若心經的生活觀》。臺北：有鹿文化，2010。

・_____。《成就的秘訣：金剛經》。臺北：有鹿文化，2010。

・釋聖嚴。《心的經典：心經新譯》。臺北：法鼓文化，1997。

學術期刊

・王志強、林志銓。〈臺灣地區玉山圓柏分類地位及族群分布〉。《臺灣林業》35.
6（2009 年 12 月）：35-44。

・余光中。《雲開見月——初論劉國松的藝術》。《文林》4（1973 年 3 月）：30-
31。

・李君毅。〈歷史偏見與霸權支配——對「中國」論述的思考〉。《現代美術》73（1997
年 8 /9 月）：27-31。

・_____。〈伊卡洛斯式的飛行——論臺灣當代美術的危機〉。《藝術秀雜誌》 19
（1997 年 11 月）：12-16。

・_____。〈從後殖民主義的觀點解析當代臺灣美術〉。《現代美術》76（1998 年 2/3 月）：
46-50。

・_____。〈後殖民情境與香港現代水墨畫〉。《現代美術》82（1999 年 2/3 月）：
30-36。

・邱貴芬。〈「發現臺灣」——建構臺灣後殖民論述〉。《中外文學》 21.2（1992
年 7 月）：151-68。

・倪再沁。〈西方美術・臺灣製造——臺灣現代藝術的批判〉。《雄獅美術》 242
（1991 年 4 月）：114-33。

・張道一。〈民間的美術字〉。《漢聲雜誌》87（1996 年 3 月）：19-26。

・_____。〈宋體字之美〉。《漢聲雜誌》88（1996 年 4 月）：60-67。

・國立歷史博物館「史博製造」小組。〈「史博製造」——凝聚土地情感的《寶島
長春圖卷》與《臺灣山水八景》〉。《歷史文物》 29.3（2019 年 9 月）：10-
17。

・楊樹煌。〈後殖民社會的臺灣美術現象——「除殖民化」的文化藝術探索〉。藝
術觀點》 1（1999 年 1 月）：60-67。

・廖新田。〈近鄉情怯：臺灣近現代視覺藝術發展中本土意識的三種面貌〉。《文
化研究》 2（2006，3 月）：167-209。

・_____。〈由內而外或由外而內？台灣美術的後殖民主義觀點評論狀況〉。《美學
藝術學》3（2009 年 1 月）：55-79。

・劉國松。〈談水墨畫的創作與教學〉。《美育月刊》76（1996 年 9 月）：19-26。

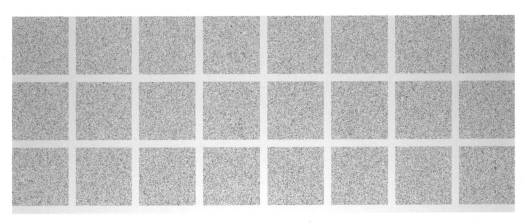

作品圖錄

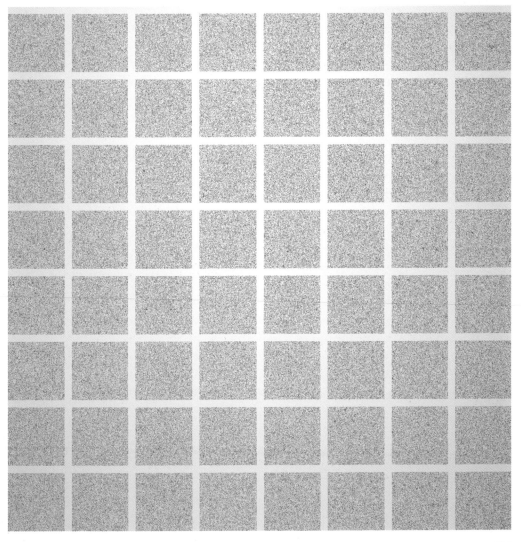

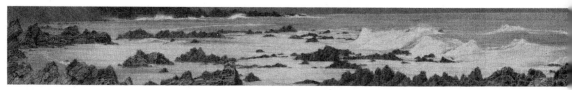

李君毅　《波羅岸長卷》　2016　水墨紙本　54.5×851cm

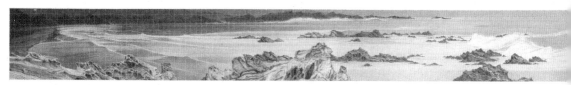

李君毅　《心岸長卷》　2018-2019　水墨紙本　54.5×935cm

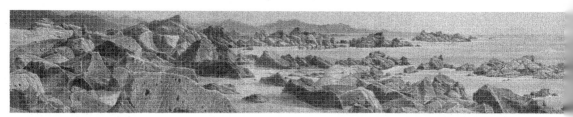

李君毅　《金剛岸》　2019　水墨紙本　30.5×356cm

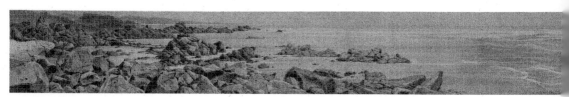

李君毅　《昏岸》　2019　水墨設色本　24.5×356cm

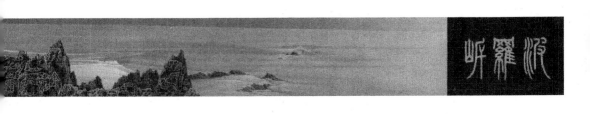

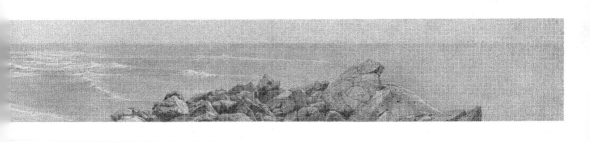

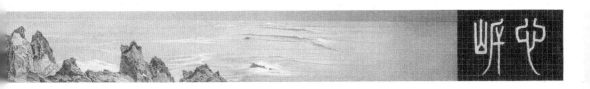

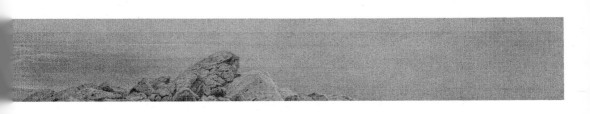

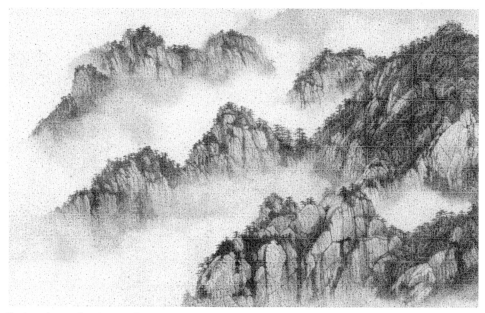

李君毅　《霧起雲湧》　2019　水墨紙本　55×89cm

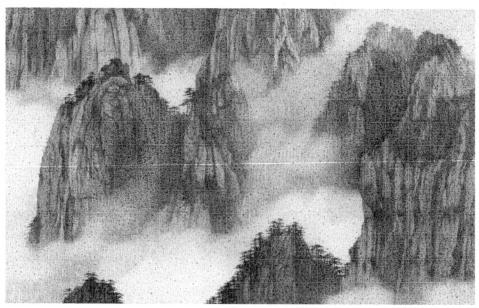

李君毅　《風雲變幻》　2019　水墨紙本　55×89cm

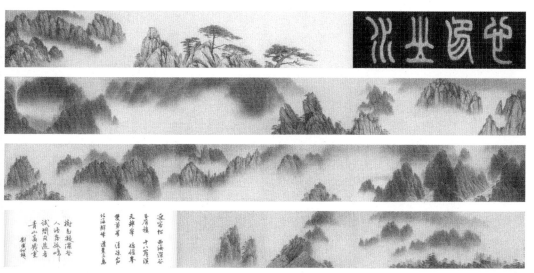

李君毅　《心印山水》　2019-2020　12 開冊頁，水墨紙本
35×108cm（每開）

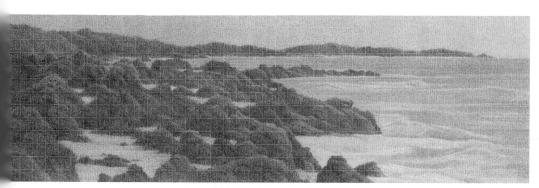

李君毅　《風雨欲來》　2019　水墨設色紙本　43×135.5cm

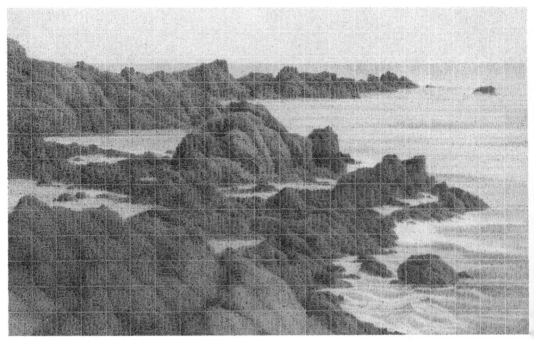

李君毅 　《暗流湧動》　　2019　水墨設色紙本　43×70cm

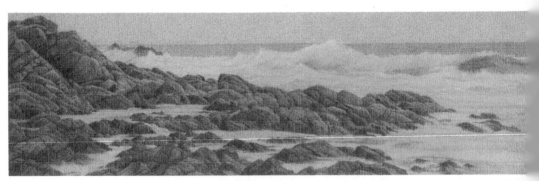

李君毅 　《風起水湧》　　2019　水墨設色紙本　47.5×154cm

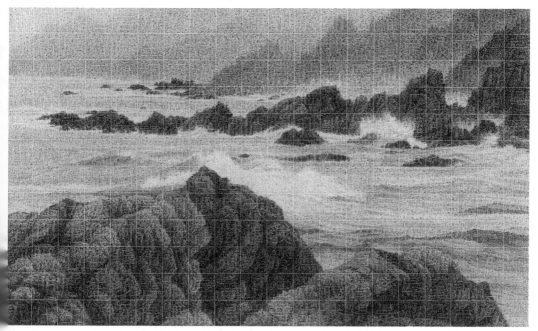

李君毅　《乘風興浪》　2019　水墨設色紙本　47×79cm

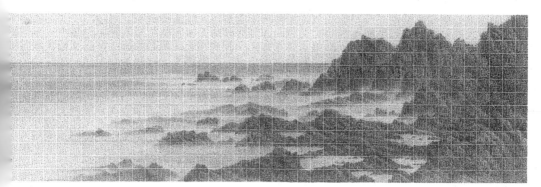

李君毅　《霧鎖》　2020　水墨紙本　43×136cm

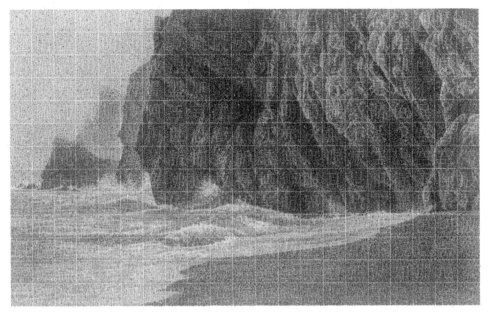

▌李君毅　《拍岸》　2020　水墨紙本　52×84cm

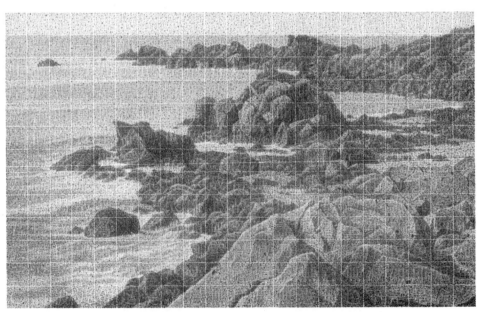

▌李君毅　《潮起潮落》　2020　水墨紙本　43×70cm

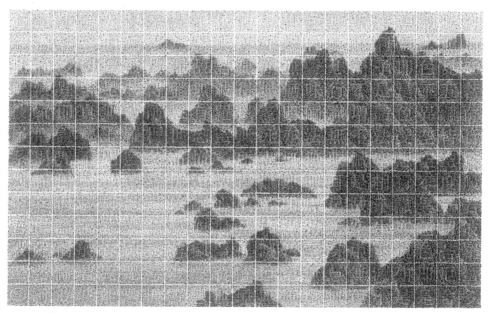

李君毅　《海市蜃樓》　2020　水墨紙本　43×70.5cm

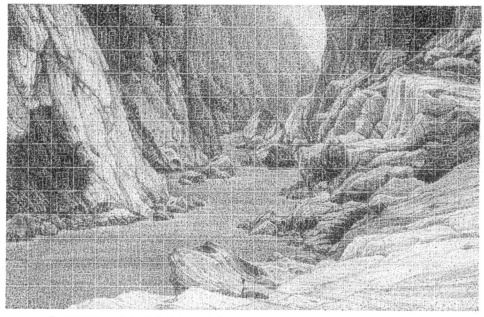

李君毅　《山重水複疑無路》　2021　水墨紙本　35×57cm

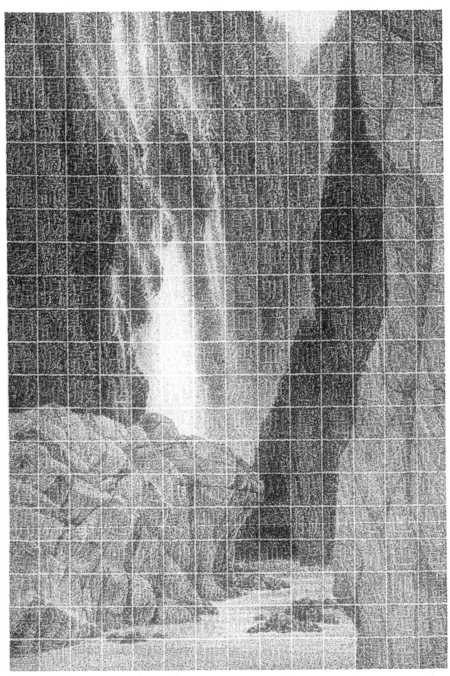

▌李君毅　《春水東流不復還》　2021　水墨紙本　101×70cm

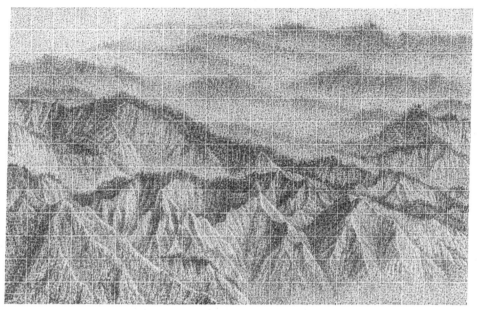

▍李君毅　《山川震眩》　2021　水墨紙本　35×57cm

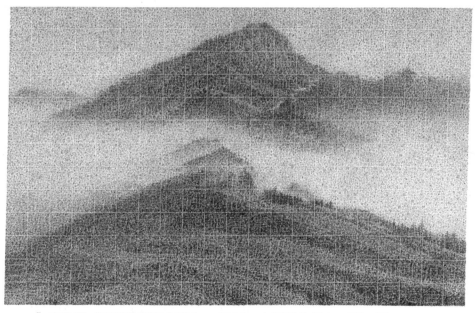

▍李君毅《春暖花開待何時》　2021　水墨設色紙本　35×57cm

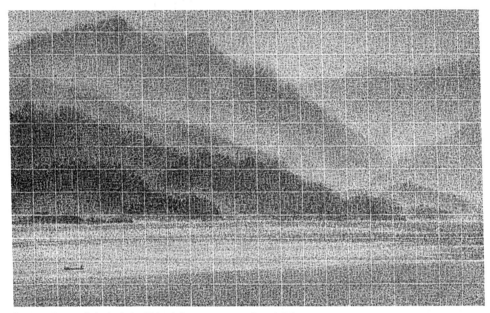

▍李君毅 《山光水色覓何處》 2021 水墨紙本 35×57cm

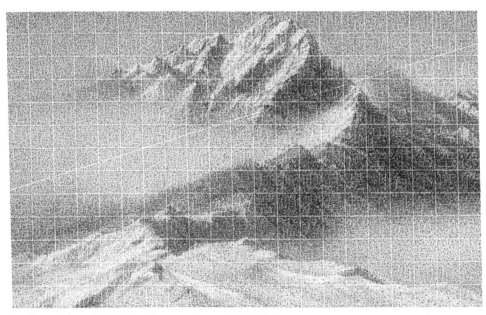

▍李君毅 《護國神山》 2021 水墨紙本 35×57cm

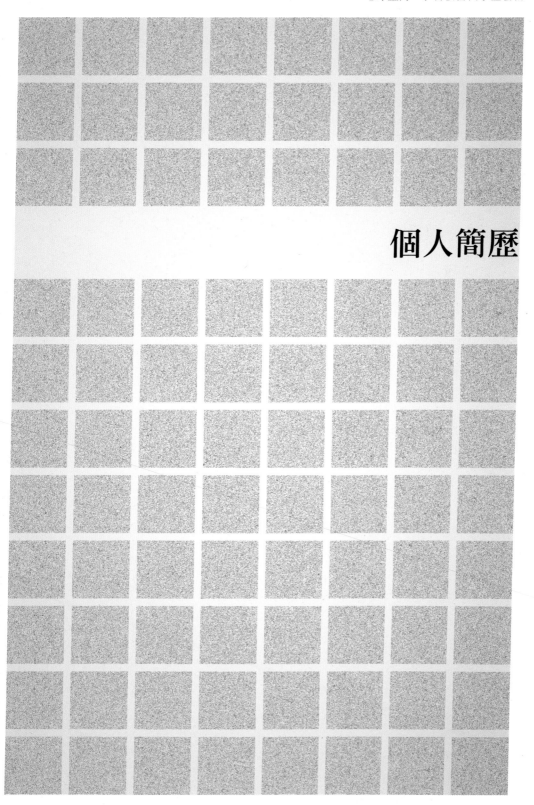

個人簡歷

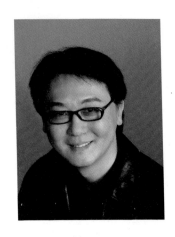

李君毅

學歷

2009 美國亞利桑那州州立大學哲學博士

2004 美國亞利桑那州州立大學文學碩士

1997 東海大學美術研究所藝術創作碩士

1988 香港中文大學文學士（一等榮譽）

學術著作

· 《此岸彼岸：李君毅當代水墨藝術的後殖民文化思索》。臺北：遠流出版，2019。

- 《後殖民的藝術探索：李君毅的現代水墨畫創作》。臺北：遠流出版，2015。

- *Hidden Meanings of Love and Death in Chinese Painting: Selections from the Marilyn and Roy Papp Collection.* Phoenix: Phoenix Art Museum, 2013.

- 《劉國松：藝術的叛逆・叛逆的藝術》。臺北：南方家園，2012。

- 《一個東西南北人：劉國松80回顧展》圖錄。臺中：國立臺灣美術館，2012。

- "The Immortal Brush: Daoism and the Art of Shen Zhou (1427-1509)." PhD dissertation, Arizona State University, 2009.

- 《宇宙心印——劉國松的藝術創作與思想》。香港：香港大學美術博物館，2009。

- *Tradition Redefined: Modern and Contemporary Chinese Ink Paintings from the Chu-Tsing Li Collection, 1950-2000.* (contributor). New Haven, CT: Yale University Press, 2007.

- "Quest for Immortality: Shen Zhou's Watching the Mid-Autumn Moon at Bamboo Villa." MA thesis, Arizona State University, 2004.

- 《劉國松談藝錄》。長沙：河南美術出版社，2002。

- 《香港現代水墨畫文選》。香港：香港現代水墨畫協會，2001。

- 《劉國松研究文選》。臺北：國立歷史博物館，1996。

個人畫集

- 《心印臺灣：李君毅當代水墨藝術》。臺北：名山藝術，2021。

- 《豐碑：李君毅的水墨藝術》。香港：藝倡畫廊，2019。

- 《格物‧印證：李君毅水墨創作集》。臺北：名山藝術，2019。

- 《此岸彼岸：李君毅創作集》。臺北：名山藝術，2018。

- 《水墨格新：李君毅創作集》。臺北：名山藝術，2015。

- 《李君毅水墨創作集》。臺北：名山藝術，2013。

- Chun-Yi Lee: Hundreds of Blooms. London: Michael Goedhuis, 2011.

- Whispering Pines, Soaring Mountains: Ink Painting by Lee Chun-Yi. New York: Chinese Porcelain Company, 2010.

- 《世紀‧四季：李君毅的繪畫》。香港：香港現代水墨畫協會，1999。

  - 《李君毅》。香港：香港現代水墨畫協會，1997。

- 《李君毅水墨畫展》。臺北：三原色藝術中心，1989。

重要個展

2021　「心印臺灣：李君毅當代水墨藝術」，名山藝術，臺北。

2019　「豐碑：李君毅的水墨藝術」，藝倡畫廊，香港。

2019　「格物‧印證：李君毅水墨藝術展」，輔大藝文中心，新北。

2018 「此岸彼岸：李君毅創作展」，名山藝術，臺北。

2015 「水墨格新：李君毅創作展」，名山藝術，臺北。

2014 「格物：李君毅水墨畫展」，國立臺灣藝術教育館，臺北。

2011 「百花齊放：李君毅畫展」，Michael Goedhuis，倫敦。

2010 「山韻‧松籟：李君毅的水墨畫」，Chinese Porcelain Company，紐約。

2000 「字娛：李君毅畫展」，漢雅軒，香港。

1997 「李君毅吶喊山水」，羲之堂，臺北。

重要聯展

2020 *Longing for Nature: Reading Landscapes in Chinese Art*, Museum Reitberg, Zurich, Switzerland.

「心靈越界與歸返：臺南市美術館 2020 典藏主題展」，臺南市美術館，臺南。

2019 「世代差異：臺灣中生代水墨畫的主流與變奏」，臺南市文化中心，臺南。

2018 「水墨概念藝術大展」，上海中華藝術宮，中國。

「筆墨傳情」，藝倡畫廊，香港。

2017　「隅 & 域：深圳美術館 2017 當代藝術展」，深圳美術館，中國。

　　　「記憶的重疊與交織：後解嚴臺灣水墨」，臺中國立臺灣美術館，臺灣。

2016　*The Literati Within*, Sotheby's Gallery, New York, USA.

2015　*Anti-Grand: Contemporary Perspectives on Landscape,* Joel and Lila Harnett Museum of Art, Richmond, Virginia, USA.

2014　「丹心憑眺望：中國當代水墨畫展」，香港會議展覽中心，香港。

2013　*Noirs d'Encre. Regards Croisés*, Fondation Baur - Musée des Arts d'Extrême-Orient, Geneva, Switzerland.

2012　*Ink: The Art of China*, Saatchi Gallery, London, United Kingdom.

2011　「第七屆深圳國際水墨雙年展：香港水墨」，深圳關山月美術館，中國。

2010　「承傳與創造：水墨對水墨」，上海美術館，中國。

　　　Brush and Ink Reconsidered: Contemporary Chinese Landscapes, Arthur M. Sackler Museum, Harvard University Art Museums, Cambridge, USA.

美術館及博物館收藏

· 美國哈佛大學薩克勒博物館

· 美國舊金山亞洲藝術博物館

· 美國鳳凰城美術館

· 美國俄勒岡大學舒尼澤博物館

· 美國佛羅里達諾頓博物館

· 英國牛津大學愛殊慕蓮博物館

· 中國江蘇省美術館

· 中國青島市美術館

· 中國山東博物館

· 香港藝術館

· 臺灣國立藝術教育館

· 臺灣臺南市美術館

· 臺灣桃園市立美術館

國家圖書館出版品預行編目資料

心印臺灣：李君毅當代水墨藝術 = Heartprints of Taiwan :
Lee Chun-Yi's Contemporary Ink Art /
李君毅著. -- 初版. -- 臺北市：藝術家出版社, 2021.06
144面 ; 17×24cm

ISBN 978-986-282-275-3（平裝）
1.水墨畫 2.畫冊

945.6 110006643

心印臺灣：李君毅當代水墨藝術
Heartprints of Taiwan: Lee Chun-Yi's Contemporary Ink Art

李君毅 著
Lee Chun-Yi

藝 術 家 李君毅
發 行 人 何政廣
總 編 輯 王庭玫
策 劃 徐珊
主 編 羅驛騰
美 編 廖婉君
出版單位 藝術家出版社
台北市金山南路（藝術家路）二段 165 號 6 樓
TEL：886-2-23886715
FAX：886-2-23965707
郵政劃撥 50035145 藝術家出版社帳戶

總 經 銷 時報文化出版企業股份有限公司
桃園市龜山區萬壽路二段 351 號
TEL：886-2-2306-6842

製版印刷 鴻展彩色製版印刷股份有限公司
初 版 2021 年 7 月
定 價 新臺幣 350 元

ISBN 978-986-282-275-3（平裝）

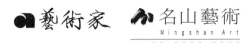